程绍国◎著

一个优家企业家的大半生

叶旭强传略

中国文史出版社

图书在版编目（CIP）数据

叶旭强传略 / 程绍国著 . -- 北京 : 中国文史出版
社 , 2024. 11. -- ISBN 978-7-5205-4924-0

I. K825.38

中国国家版本馆 CIP 数据核字第 2024UX6288 号

责任编辑：全秋生

出版发行：中国文史出版社
地　　址：北京市海淀区西八里庄路 69 号　邮编：100142
电　　话：010-81136602　81136603　81136606（发行部）
传　　真：010-81136655
印　　装：廊坊市海涛印刷有限公司
经　　销：全国新华书店
开　　本：787 毫米 × 1092 毫米　1/16
印　　张：18.5
字　　数：280 千字
版　　次：2025 年 1 月北京第 1 版
印　　次：2025 年 1 月第 1 次印刷
定　　价：86.00 元

叶旭强

与相濡以沫
的夫人郑献珍

几十年躬耕"慎江"，如今，叶旭强把重任交给了下一代。左起依次是：叶际俊、叶际涵、叶旭强、叶际绶。

"慎江"的智能线，就是这样一步一步被他研究出来了。

做公益，是他几十年的习惯了。

"慎江阀门"一隅

姓　　　名	叶旭强
性　　　别	男
出 生 年 月	1951年2月
专　　　业	阀门
任 职 资 格	工程师
评 审 单 位	量化评价任职资格
评 审 时 间	2003 年 11 月 23 日
编　　　号	44226

叶旭强工程师资格，是温州市人民政府组织专家评审颁发的。

叶 旭 强 部 分 发 明 专 利 证 书
YE XU QIANG BU FEN FA MING ZHUAN LI ZHENG SHU

证书号 第1666155号

实用新型专利证书

实用新型名称：一种蝶阀

发　明　人：叶旭强

专　利　号：ZL 2010 2 0228816.7

专利申请日：2010 年 06 月 18 日

专　利　权　人：憩江阀门有限公司

授权公告日：2011 年 01 月 19 日

　　本实用新型经过本局依照中华人民共和国专利法进行初步审查，决定授予专利权，颁发本证书并在专利登记簿上予以登记，专利权自授权公告之日起生效。

　　本专利的专利权期限为十年，自申请日起算。专利权人应当依照专利法及其实施细则规定缴纳年费。本专利的年费应当在每年 06 月 18 日前缴纳。未按照规定缴纳年费的，专利权自应当缴纳年费期满之日起终止。

　　专利证书记载专利权登记时的法律状况。专利权的转移、质押、无效、终止、恢复和专利权人的姓名或名称、国籍、地址变更等事项记载在专利登记簿上。

局长 田力普

2011 年 01 月 19 日

第 1 页 (共 1 页)

证书号 第1674032号

实用新型专利证书

实用新型名称：一种防松止动机构

发　明　人：叶旭强

专　利　号：ZL 2010 2 0228820.3

专利申请日：2010 年 06 月 18 日

专　利　权　人：憩江阀门有限公司

授权公告日：2011 年 01 月 19 日

　　本实用新型经过本局依照中华人民共和国专利法进行初步审查，决定授予专利权，颁发本证书并在专利登记簿上予以登记，专利权自授权公告之日起生效。

　　本专利的专利权期限为十年，自申请日起算。专利权人应当依照专利法及其实施细则规定缴纳年费。本专利的年费应当在每年 06 月 18 日前缴纳。未按照规定缴纳年费的，专利权自应当缴纳年费期满之日起终止。

　　专利证书记载专利权登记时的法律状况。专利权的转移、质押、无效、终止、恢复和专利权人的姓名或名称、国籍、地址变更等事项记载在专利登记簿上。

局长 田力普

2011 年 01 月 19 日

第 1 页 (共 1 页)

实用新型专利证书

实用新型名称： 种带辅助密封的双重密封阀座

发 明 人：叶旭强

专 利 号：ZL 2012 2 0308234.9

专利申请日：2012 年 06 月 26 日

专 利 权 人：慎江阀门有限公司

授权公告日：2013 年 01 月 09 日

　　本实用新型经过本局依照中华人民共和国专利法进行初步审查，决定授予专利权，颁
发本证书并在专利登记簿上予以登记。专利权自授权公告之日起生效。

　　本专利的专利权期限为十年，自申请日起算。专利权人应当依照专利法及其实施细则
规定缴纳年费。本专利的年费应当在每年 06 月 26 日前缴纳，未按照规定缴纳年费的，专
利权自应当缴纳年费期满之日起终止。

　　专利证书记载专利权登记时的法律状况。专利权的转移、质押、无效、终止、恢复和
专利权人的姓名或名称、国籍、地址变更等事项记载在专利登记簿上。

局长 田力普

2013 年 01 月 09 日

第 1 页 （共 1 页）

实用新型专利证书

实用新型名称： 种具有耐磨导轨槽的闸阀

发 明 人：叶旭强

专 利 号：ZL 2010 2 0242411.9

专利申请日：2010 年 06 月 30 日

专 利 权 人：慎江阀门有限公司

授权公告日：2011 年 01 月 19 日

　　本实用新型经过本局依照中华人民共和国专利法进行初步审查，决定授予专利权，颁
发本证书并在专利登记簿上予以登记。专利权自授权公告之日起生效。

　　本专利的专利权期限为十年，自申请日起算。专利权人应当依照专利法及其实施细则
规定缴纳年费。本专利的年费应当在每年 06 月 30 日前缴纳，未按照规定缴纳年费的，专
利权自应当缴纳年费期满之日起终止。

　　专利证书记载专利权登记时的法律状况。专利权的转移、质押、无效、终止、恢复和
专利权人的姓名或名称、国籍、地址变更等事项记载在专利登记簿上。

局长 田力普

2011 年 01 月 19 日

第 1 页 （共 1 页）

证书号 第3879331号

实用新型专利证书

实用新型名称：阻尼式止回阀

发　明　人：叶旭强

专　利　号：ZL 2014 2 0364259.X

专利申请日：2014 年 07 月 02 日

专　利　权　人：慎江阀门有限公司

授权公告日：2014 年 10 月 29 日

　　本实用新型经过本局依照中华人民共和国专利法进行初步审查，决定授予专利权，颁发本证书并在专利登记簿上予以登记，专利权自授权公告之日起生效。

　　本专利的专利权期限为十年，自申请日起算，专利权人应当依照专利法及其实施细则规定缴纳年费。本专利的年费应当在每年 07 月 02 日前缴纳，未按照规定缴纳年费的，专利权自应当缴纳年费期满之日起终止。

　　专利证书记载专利权登记时的法律状况，专利权的转移、质押、无效、终止、恢复和专利权人的姓名或名称、国籍、地址变更等事项记载在专利登记簿上。

局长　申长雨

2014年10月29日

第1页 (共1页)

证书号 第1673859号

实用新型专利证书

实用新型名称：一种 Y 型截止阀

发　明　人：叶旭强

专　利　号：ZL 2010 2 0272199.0

专利申请日：2010 年 07 月 27 日

专　利　权　人：慎江阀门有限公司

授权公告日：2011 年 01 月 19 日

　　本实用新型经过本局依照中华人民共和国专利法进行初步审查，决定授予专利权，颁发本证书并在专利登记簿上予以登记，专利权自授权公告之日起生效。

　　本专利的专利权期限为十年，自申请日起算，专利权人应当依照专利法及其实施细则规定缴纳年费。本专利的年费应当在每年 07 月 27 日前缴纳，未按照规定缴纳年费的，专利权自应当缴纳年费期满之日起终止。

　　专利证书记载专利权登记时的法律状况，专利权的转移、质押、无效、终止、恢复和专利权人的姓名或名称、国籍、地址变更等事项记载在专利登记簿上。

局长　田力普

2011年01月19日

第1页 (共1页)

智 能 加 工 生 产 线

ZHI NENG JIA GONG SHENG CHAN XIANI

以下是作为工程师的叶旭强梦寐以求、完成不久的"代表作":国内首条大口径阀门智能加工生产线,填补了国内该领域的空白。

Y 型截止阀 24" –2500LB

大口径闸阀 60"-150LB

球阀 24" -300LB

低温闸阀 30" -300LB

撑开式旋塞阀 22"-150LB

高压球阀 14" −1500LB

止回阀 18"–2500LB

CONTENTS

目　录

引言　雁山云影瓯江风

七里港离温州城，二十里水路。站在温州城麻行僧街，能听得到瓯江汹涌的涛声，能听得到江心屿边大雁的鸣叫。嘻，近处还有声响，沙沙沙沙，沙沙沙沙，那是翁翁郁郁的大榕树（也叫大青树）掉叶了，叶子在街面石头路上飞舞。因为秋天，起风了。河中欸乃，乡下梧田的"河鳗船"进城了，船里是当年孙权进贡给曹操的那种瓯柑和菱角。敲梆声激越，"奔！奔！"那是乡人在唤卖馄饨。间以长音："油炸果（油条）……"（男声）"纸蓬（女声，当年很粗糙的一种手纸）"。

哪里有人，哪里就有谋生的声音。

风里云里，历史上的温州，名称时有变换，地域时大时小。唐高宗朝（675），"处州析置温州"，才有"温州"的叫法。之前都叫"永嘉"，之后也永嘉、温州变换着叫，北宋沈括《梦溪笔谈》写雁荡山，开篇道："温州雁荡山，天下奇秀。"而南宋文天祥"指南"，又说"展转四明、天台，以至于永嘉"。

温州古称"瓯"，其地形最早被《山海经》提及："瓯居海中"。说法不一定科学，但当年七零八落的，没有被东海和瓯江冲积好，完全是可能的。温州柳市七里港一带，应当都属于冲积平原。丘迟有佳句："暮春三月，江南草长，杂花生树，群莺乱飞。"他是温州临近湖州人，任永嘉太守期间，说温州"控带山海，利兼水陆"，概括更为准确。但"利"究竟大到什么程度，就很难说了。老实说，古时候，相对于中原，温州乃边蛮之地，经济和战略地位太不重要了。中原征服了，温州跟随征服了。温州萧条而清冷。东汉顺帝永和三年（138），置永宁县，辖温州连同处州（今浙江省丽水市），"户不满万"。你看这人数！只有在美好的唐宋王朝，社会高速发展，北宋神宗元丰八年，即 1085 年，温州四县已有 121916 户。

大体上说，南宋以后，温州和温州人才被外界关注，声名日重。为什么呢？那是大宋一分为二，南宋偏安杭州（那时叫临安），温州就近杭州，温州多多少少捡了个便宜。南宋时，文状元就有五位，武状元更多，十七位。进士达一千余人！

南宋温州出了个重要人物叶适。叶适是"永嘉学派"的集大成者。他继承与发展温州前辈薛季宣、陈傅良事功学说，哲、史、文诸学均有成就；在经济、政治思想方面有卓绝见解，是我国首个批判传统"抑末（工商业）厚本（农业）"的学者。认为"既无功利、则道义者乃无用之虚语"。主张通商惠工，以国家之力扶持商贾。叶适平生提倡经制功利之学，反对空谈性理。当时的中国，还有朱熹的理学，陆九渊的心学。朱熹名显，治学深厚，但他的理论多抑制人性自由，禁锢人们的思想！而叶适来"实"的，主张扶持商贾，这很重要。可见那时温州的商业活动已有规模。《宋本方舆胜览》说温州"其人善贾"。早在北宋神宗熙宁十年（1077），温州商税已经高达 25391 贯，是全国各县平均商税的七倍！南宋高宗绍兴年间（1131—1162），温州设立市舶务，管理海外贸易。日本商船经常出入温州。温州还同高丽、印度、爪哇等地有贸易往来。宋真宗咸平元年（998），温州人周伫随商船到高丽经商，是为最早文字记录者。

叶适及其"永嘉学派"的"事功"主张，对温州后世影响是很大的。

"有飞鸟的地方，就有温州人。"话是夸张，也无不道理。一代又一代，一年又一年，温州人闯荡天下，生生不息。温州西郊有个地方叫驿头，离我的老家三公里，我的祖上就是驿头人。驿头程志平，又名程三康，和我同宗，抗战前闯入法兰西，日子难过。1933 年，转辗法属殖民地非洲加蓬国经商，娶当地黑人为妻，吃尽苦中苦，渐成庄园主，著名的富商，至加蓬国会议员。儿子程·让平 1942 年 11 月出生于加蓬，在法国读完大学，后参政，当过加蓬外长，2004 年，当选第 59 届联合国大会主席，2008 年，当选非盟委员会主席，几年前与前舅子竞选总统（险败）。他多次到驿头寻根问祖。让平"正"字辈，我是"明"字辈，"明成正广"，算起来，他是我的孙辈。

程志平是传奇人生，儿子程·让平也是传奇人生。人生背后的酸甜苦辣，又有谁知道呢？

温州在外省经商创业人数 175 万，上海和北京各 20 来万人，深圳一地 10 来万人。2000 年，我随西部大开发采访团到达新疆，新疆温州商会会长说，那里温州人有 10 万。那么在世界各地的温州人有多少呢？温州侨联前主席告诉我 68.8 万。

诗人、政论家邵燕祥先生说："温州人即使在国外，一不做乞丐，二不做妓女。"实是不易。温州现今常住人口 900 多万。每年上缴税金约 60 亿元。珊溪水库自己造，金温铁路自己造，飞机场也自己造。只是有个要求，一个乘客交 50 元机场建设费。温州机场这样做了，全国机场跟着也这样做了。

温州人自主，不靠，无怨言。苦拼、悲壮，死而后已。

有人说温州人是中国的犹太人，这是别人的解读。犹太人当年是没有"家"的，温州人却有温州。为什么温州人会出现四海为家的情况？非常简单，温州地少人多，资源匮乏，自然环境和社会环境都不好。但温州有江有海，并不十分封闭。温州一方水土不能养一方人。为了活着，为了活得好，温州人笑别故土，敢为天下先。

瓯江之水自凤阳山来，刷过丽水、青田和鹿城，在雁荡山麓和东海相吞吐，呈现出橘黄的颜色。本书主人公叶旭强，生长于斯。即瓯江口北岸，乐清"西乡"七里港。查家谱，他和叶适同宗。叶氏第 54 代有兄弟 7 个，老二叫叶仁训。叶仁训是叶适和叶旭强共同的先祖。第 55 代，叶仁训生有三个儿子，老大叶光袭（字曾哲），老二叶光宅（字曾文），老三叶光贮（字曾仁）。老二叶光宅是叶适一脉，叶适是第 62 代。叶旭强的祖先是老三叶光贮。到了叶旭强已是第 86 代了，属于天字辈。

先且放过认祖归宗。江南水乡，"控带山海"的温州，很少出蜂目豺声的人、张扬张狂的人、凶悍生猛的人，也很少出气吞万里如虎的人。所多是平和内敛的人、温敦慈爱的人、智慧通达的人、逆来顺受的人、吃苦耐劳的人、坚韧不拔的人。叶旭强先生就是这样的人。他扎根故土，蓬勃开花，是温州人一种顽强的生命形态。当然了，这种顽强的生命形态也是属于中国人的。

第一部分

纵叙：从路漫漫兮修远，至『空中闻天鸡』

第一节

人生夹缝中，掉出一粒顽强的种子

　　叶旭强所在的镇叫七里港。原来曾叫慎江镇。地名变来变去，现在又被柳市镇所统辖。但当地人口头还是喜欢叫七里港。当年七里港，辖 18 个行政村。叶旭强在金丝河村。金丝河分金西、金东两个自然村，叶旭强在金西。

　　叶旭强祖父叶德顺是个货郎，做小买卖的。早年江浙一带，经常有手摇拨浪鼓的人，挑着一担零星杂货，在农村街巷奔走叫卖。货郎挑的箩筐里，全是轻小的日用百货。梳子、篦子、胭脂、粉盒，各色棉线，针、顶箍，五花八门，倒也琳琅满目。可说是前街后巷里的"流动商店"。

　　货郎挑着两个箩筐，筐子上面平放着一只扁平的木盒子，上面镶着玻璃，可见里面的货物。货郎手里的拨浪鼓，是一面有柄的小鼓，两侧用细绳系着两颗弹丸，转动时弹丸敲击鼓面发出声响。"布——隆——咚、布——隆——咚"，清脆的声音在飘荡，未见货郎其人，却先闻其声了。

　　祖父祖母养育两个儿子，一个女儿。祖父是个非常诚实而勤奋的人。因而在温州初创了一个香烟厂时，香烟厂找到了祖父，让祖父为他们卖香烟。香烟先拿去，不必给钱，卖了再给钱，按月结算按季度结算都无所谓，足见香烟厂对祖父非常信任。他是个可靠的人。祖父就放弃了卖小货，专门卖香烟，看顾客需要，卖散装的、整包的，或整条的香烟。香烟挑起来倒也不沉。到瑞安，到永嘉，到青田……他有积蓄。祖父的小儿子叶明框，也就是叶旭强唯一的叔叔，1929年，考到了江西去读书，读的什么学校？黄埔军校南昌分校。他毕业好几年了，回到七里港，倒是先开一爿木材商店，商店很大，露天展开。附近的地方都来买木头。造房子，做家具，都用到木头。温州或乐清一带，所长木头多是桉树和梧桐。桉树和梧桐生长快，但质地疏松，不宜做家具或者造房子。温州有樟树，倒是适合做木箱子，但这种树长得很慢，过于珍稀。所以浙南人用木头，大量采用针杉。曰针杉，就是枝叶很刺，像是针一般。这种树温州有，但极少，大量在龙泉一带深山老林。伐木工采出来，扎成一个一个木筏子，游龙一般顺水而下。叔叔不仅买卖木头，后来自己来到龙泉买筏子，把一个一个筏子连接起来，浩浩荡荡顺着瓯江漂流。但是遗憾，青田有险滩，水流湍急，碰上大礁石，把前后连接的大筏子撞散了。左右两岸的农民，驾船哄抢，刹那间，叔叔所有的钱化为乌有。

就这样，叔叔被乐清郑辉招了去，担任"郑辉部队"（具体已不可考，大约是乐清或浙江东部的保安部队，营级建制，因为司令名叫郑辉，乡人曰"郑辉部队"）副司令。他是黄埔军校毕业的人，倒也顺理成章。回到家里，经常骑着白马,后有警卫员跟着。对乡里乡亲很是友善。

叶旭强说,他们一家无人喜欢做官,若是叔叔不到龙泉买针杉,大筏子不是碰了礁石散了,后来的家庭情况就不是这样了。

新中国成立后,祖父被划为中农。根据党的政策,"依靠贫农,团结中农,限制富农,孤立和打击地主阶级"。中农不算太次的成分,但社会上许多情况都是向"左",似乎不是贫农,就不是好成分。

祖父被划为中农,叔叔叶明框是"郑辉部队"副司令,这对于叶旭强非常要命。特别是叔叔,温州和平解放后,他退居瓯江之外的海岛洞头上"负隅顽抗"。1949 年,解放军曾经攻克洞头岛,但随后又与国民党军发生拉锯战,"四出四进",直至 1952 年洞头被彻底解放(北边今属台州的大陈岛 1955 年才被彻底解放)。据说叔叔最后躲在水边山崖下一个洞里,被解放军用烟熏出来,后被枪决。此时,他的直接上司,也就是郑辉,已经带领部分人员,包括叔叔叶明框的妻子及叔叔唯一的女儿叶梦兰,南下逃至台湾。后来郑辉娶了叶明框的妻子。这里有谜,是永远解不开的谜。

叔叔叶明框的行踪有些神秘。黄埔军校毕业后为什么不去从戎?不清楚。他在南昌另娶了一个妻子。妻子也曾经到了七里港，他的两个老婆相处了一段时光。他在南昌生过一个儿子，可七里港的人浑然不知。后来，族人做家谱时，为了叶明框有"后"，把叶旭强划到他的名下，做他的儿子。这事直到 20 世纪 80 年代才改回来。因为叶明框生在南昌的儿子到乐清认亲来了。村人一看就是叶明框的儿子，就是他们叶家的人。

叶旭强还说到台湾的婶婶，20 世纪 80 年代，两岸封闭的大门打开后，多次回来探亲。曾经给叶旭强祖父母若干美元。叶旭强也曾经到台湾，翻倍把美元给了她家。婶婶 2020 年还活着。她时常给叶旭强来电话，还说叶家主要靠你了，云云。叶梦兰也多次来大陆，到七里港。

叔叔的死，和叔叔一家的具体情况，是随着时间的流逝，慢慢清晰起来的。原来是比较模糊的，混沌的。

有人说，叶旭强的聪明智慧，很像他的父亲叶明波。而叶旭强的个性，年纪大一点的人说，更像叔叔叶明框，胆子大，有魄力，也威风，讲义气……

叶旭强是 1951 年出生的。家庭的中农成分不算太坏，当然不算好。当年的政策是依靠贫农、雇农，团结中农，中立富农，有步骤地有分别地消灭封建剥削制度。几十年填表格，总有"成分"一栏。贫农的子女提笔就写：贫农。中农子女踌躇一下，写道：中农。富农特别是地主的子女就相当难受，提笔再三，痛苦再三。

现在说说叶旭强父亲叶明波。

叶旭强有个堂兄弟叫叶道义，七里港的"大秀才"，七里港几十年的小学校长。他1955年出生。睿智渊博、热忱豁达、精明能干，是个性情中人。烟酒不分家，据说卡拉OK唱得很好。他说叶旭强的父亲人很高，绰号"长人"。有文化，具体读了几年私塾不清楚，他不仅能读"三国"，读"水浒"，他还能讲。他几十年订阅《参考消息》。他聪明过人。他会看"鱼道"，也就是鱼的运行规律。裸露的海涂上，有鱼昨天的踪迹；今天水皮上的纹路，表明什么鱼汛。捕小黄鱼或者鳓鱼，他捕得总比别人多，你以为奇怪也好，不奇怪也好，不佩服是不行的。村里人都知道，他特别擅长捕"子梅鱼"（一种小黄鱼），他有很强的组织能力，他带领生产队捕子梅鱼，产量很高，闻名遐迩。他做的事都是大事。他不像有的人，挑黄鱼鲞到温州城去卖，这事当时属于投机倒把。

他很会用脑子。别人即使捕鱼捕得多，比如三四百斤，鱼和人都在一边，"河泥溜"（一种小船）容易吃水，很难倒入船舱。而叶旭强的父亲叶明波会固定网袋，人站在另一侧，使用棍棒伸入网袋之下，使力一撬，鱼便滑了进来。这就是利用杠杆原理。

还比如叠稻秆墩，十来米高，一般人是叠不好的，即使不倒，雨水一来，稻秆会烂掉。而他叠的稻秆堆绝然不倒，雨水也进不去。叶旭强说，当年初创，机床搬进屋，机床大而家门小，大家计穷。父亲一来，说，拆木墙。木墙拆了还能重装，木门却只能毁。叶旭强还说，当时他出差在外，小工厂也能井井有序，管理有赖于父亲。

他还有很强的事物判断力，说话说得好，而且调门很高，很有声势。村人有纠纷，常常讲："把长人叫来，把长人叫来。"就是请他来"讲案"。他先不作声，倾听双方陈述，让别人把话说完。只是有时插问一句。双方把话说完了，气也有些出了。他觉得下断语的时间到了。好，他把案子的几个节点抓住，把问题分析周到，是是非非讲清楚，这之后三言两语"结案"，双方总是心服口服，算是"终审判决"。他深受村人的信赖。他自己也想和村人搞好关系，脾气也好得很。村里的支部书记同他关系不错，有事总找他商量。他也曾是村干部，干过几年。但你是中农出身，是反动军官的哥哥，最终被拔了"白旗"。

叶道义说，叶旭强父亲，后来变得谨小慎微。而村里发生什么大事，或村人遇到大问题，拿不出主意，有时还是请他父亲出谋划策。在生产队，生产队长还是请他派活，安排农事。

叶旭强说了一件逸事：在七里港，很早时候，有人活着就做好棺材。后来人多屋小，做好的棺材占地方没处放，有人看着也怕，棺材先不做。死了，马上行动起来做棺材。厚厚的棺材板是储存着的，木头一般都是针杉。七里港乡俗，这个事情由女婿负责，别人不能做，没有女婿的另论。叶旭强父亲临终，他的姐夫就负责这件事了。他在递棺材板的时候，发现板内夹着五万块现金。于是，他做了报告。叶旭强就和弟弟叶旭博、叶旭海商量，这钱明明是父亲要给姐夫一家的，他们一家也相对不富裕。之所以父亲没有交代，可能是他担心厚此薄彼，他是奖励给尽到责任的女婿的，女婿如果不干这活，不尽责任，这钱就不是他的。后来三兄弟就对姐夫说，这钱是爸爸给你的。

叶旭强说，家里最忙的人，还是母亲林宏柳。她很有力气。挑水、烧饭、洗衣、晒谷……家里、田里连轴转，像是一个陀螺。有时在田里，见乌云四合，立即跑步回来，把晒着的谷卷扫回箩，飞也似的挑回家。刚到家，大雨瓢泼而下。叶旭强说母亲"忙起来的时候，连上茅厕的时间都没有"。她是典型的农村妇女，她的一生像是一滴雨落进了瓯江，无声无息。只有子女们念兹爱兹。中国农村广大妇女，基本上是这种状况，勤劳得一塌糊涂却无法赞美，可歌可泣。

少年家里贫穷，因为吃口太多了。祖父祖母都在，除了父母，还有四个兄弟，一个妹妹。对家庭有很大帮助的，是两个人，外公是一个，姑妈是一个。外公家住里隆村，外婆很早去世，他没有儿子，原来有两个女儿，后来一个女儿病故了，剩下叶旭强母亲一人。他的家边四周是毛竹，翁翁郁郁，青翠欲滴。这是外公自己种的。他是个篾匠。别人是靠山吃山，外公是靠竹吃竹。他砍、锯、切、剖、编、织……做成提篮、筲箕、撮箕、箩筐、筛子、簸箕、晒垫等等。因而，他有些钱。他经常过来看看我妈，看看我们，但主要是来接济。他不是直接把钱给我妈妈，而是买了米，拎米过来。那时民间不能买卖粮食，他是向乞丐买的。乞丐知道他需要米，经常光顾外公家。相对来说，乞丐的米还是便宜一些。

他来时，家里再穷母亲也要给他做点心，做什么点心叶旭强已经忘了。只记得他喝酒，喜欢喝黄酒。母亲便把黄酒温一温。但外公客气得要命，总是阻止母亲烧点心，有时不吃不喝就回去了。这样子，母亲心里很难受，外公见母亲不舒服，偶尔也吃一点。他坐在灶下凳上，点心和酒摆在左边圆柱上。外公也不吃完，留一半，给叶旭强他们吃。每回坐下来时，酒是喝完的，点心一定留一点，都是这样，只有留一点给外孙们，老人心里才舒服。

叶旭强他们吃到点心，那是太高兴的事。

另一个对家庭有接济的是姑妈。姑妈嫁到翁垟乡。姑妈能力超群，在社会上有一定的影响力，七里港、柳市一带差不多无人不知。那是在新中国成立前，许多人犯事被抓，都会找姑妈帮忙。姑妈也热心，会打通关节，大事化小，小事化了。更有冤屈的人，总是要找热心的姑妈。她经常有钱拿给祖父母。姑妈一家是做糕饼的，叶旭强记事之后，姑妈有时拿点糕饼过来，更多的，是把糕饼做剩下来的麦麸拎来，让家里人吃。麦麸中经常还有麦子，很不易。叶旭强记事开始，那时大队打食堂，母亲会把食堂打来的"清水米粥"倒在锅里，再加热，倒进一点麦麸，兑点盐，弄点花样给大家吃。

少年同伴中，有的家境富裕，经常口袋里摸出零钱买零食，叶旭强非常羡慕，但当作没看见。有时随同伴到家，同伴偷偷从自家抽屉里抽出一张五角钱的，赶快跑。同伴妈妈骂道"短命儿，短命儿"，可是同伴笑着跑远了。但，叶旭强像这样偷几角钱被妈妈骂一骂的机会都没有。

我第一次见到叶旭强，当天也碰到他的几个少年伙伴。叶旭强指着几个伙伴说："当年他们很爽的，口袋里掏出钱买零食，我只有流流口水。"

叶旭强读了四年书，辍学了。

青年叶旭强遇到第一个打击。他要去当兵了。这是很好的主意。当了兵，门楣上就钉上一块牌："光荣人家"。成分的问题就可以摆脱了。而且在当年，很是鼓励年轻人去当兵的。请看一首歌，叫《真是乐死人》：

　　欢迎的晚会上，拉起了手风琴，同志们手挽手，激动了我的心。

　　想起了一件事，真是乐死了人。你要问是那什么事，什么事哦？真是乐死了人。

　　想起了三年前，我报名去参军，一到区政府，人家不批准。嫌我年纪小，还不到成年人。我好说歹说好说歹说不顶用不顶用。嗨，真是急死了人，真是急死了人。

　　去年一开春，又报名去参军，心想有把握，保险能批准。身体一过磅，刚刚差一斤。我好说歹说好说歹说不顶用。嗨，真是急死了人真是急死了人。

　　实行了兵役制，我当上了边防军。挎上了冲锋枪，军装更合身，帽徽闪金光，领章更漂亮，面对镜子上下照上下照。嗨。真是乐死了人真是乐死了人嗨哟，真是乐死了人。

在公社。本村的，外村的，不少年轻朋友在排队。登记，然后体检。叶旭强也进去排队。可是，有人走到叶旭强身边，拍了一下他的肩膀，然后把他拽出来。叶旭强不解，这人为什么不把别人拽出来，唯独把他拽出来，不让他出当兵，这是为什么。看着叶旭强疑问的颜色，那人眼角讥诮，几乎是吼着说，你叶旭强没有当兵的资格！

当着那么多人的面，叶旭强被拽出来。人活一张皮，叶旭强的脸皮被人撕碎了！这件事对叶旭强刺激和打击非常大。他对好多人说了这件事，和我说这件事的时候，眉心凝重，表情严峻。被拽出来的那一天，是屈辱的一天，使他终身难忘。

屈辱使人懦弱，使人沉沦；也可能使人振作，使人奋发。

不久，叶旭强有了人生第一份工作。这是到另一个村去干活，这个村叫里隆。他到里隆砖瓦厂上班。叶旭强很珍惜这份工作。因为七里港地少人多，地上找不到什么好处。那年头，一天干活，工分极低，合计成人民币，也就一二角钱。主要的，他在里隆，别人就不知道他家的成分了，什么叔叔是被镇压的，不可能有人提起。

里隆在金丝河村的南边。所谓"上班"，也就是打做砖坯。做砖坯的泥，是瓯江河道边的泥。因为干旱时，河床裸露，砖瓦厂的人就去把泥土刨起，挑上来，堆在一边，风吹日晒。到做砖坯的时候，泥土还需均匀吸水、晾干，然后踩泥。叶旭强说，踩泥就是两条腿脚轮换着踩，使泥柔韧，使泥有弹性。差不多了，便搬起泥团，使劲往木架模具里摔，"叭！"

叶旭强从来没有迟到过一次。

叶旭强说：

我从第一天干活起，立志要比别人做得好！做砖坯的，有人开始说腿脚疼，有人开始说手臂疼。又说烈日下暴晒，皮肤脱落，全身火辣辣地疼。又说冬天太冷，泥土上有"狗牙霜"，双脚麻木双腿哆嗦全身筛糠，而我都没有这方面的记忆。

我问：

"春秋还好，夏热冬冷，难道这种单调无趣的劳动，你真没有觉得苦吗？"

"没有，根本没有。"叶旭强用手一推，"我随便什么时候，干活起来浑身是劲，从来没有痛苦，很快活。这是我的本性！"

叶旭强用双脚踩做的砖坯最多，烧砖的人还说，叶旭强做的砖块最结实。

这样干了接近一年。有人看在眼里，觉得叶旭强干活行，能够吃苦耐劳，话不多，便叫叶旭强跟他一起去干别的活。叶旭强问是什么活，那人说反正比踩泥做砖省力又来钱。后来知道是镀锌。镀锌是在金属、合金或者其他材料的表面镀一层锌以起美观、防锈等作用，是一种表面处理技术。叶旭强通常是把钢板洗干净，放到锌池里。他一个月能拿到50来元工资。当然，这是暂时的高工资。叶旭强先在瑞安丽岙华侨陶瓷厂干活，后到永嘉瓯北罗浮陶瓷厂干活。这种活没有什么技术含量，和做砖坯也差不多。但总算走出了金丝河，脱离了土地，是个"手艺人"了。

1971年，一个箍桶匠来到金丝河村金西自然村叶旭强家。箍桶匠曾在叶旭强家干过活，对叶旭强父亲说，要替旭强做媒。女方17岁，是东边七里村七东自然村人，安分、勤劳、漂亮。叶旭强父亲说，我家房子小，人多、家穷、成分不好，人家不嫌弃吗？箍桶匠慢慢喝着黄酒，把一碗点心吃完，说："包在我身上。"其实，箍桶匠已向女方交了男方的底。叶旭强夫人郑献珍对我说：箍桶匠和她的祖父交好。说这一家人上下都正派，都聪明，旭强这小伙子面目端正，爱干活、人品好。他已经不再种田了。郑献珍祖父认为人品好、不种田是很重要的。父母也认为可以。郑献珍说，订婚那天，自己好激动，可是旭强在外地干活，挑彩礼过来的，是他的哥哥叶旭华。她心里很难过，但对此却不能表露出来，还得打扮一番，眉清目秀，沏茶给他叶旭华端上，微笑得体。

郑献珍说，半年后，自己一个女伴熟悉邻村的叶旭强，在公社供销社，女伴急匆匆神秘地拉了一下她，说："看，你的阿强佬！"阿强佬是叶旭强的小名。郑献珍说，大约一年以后，旭强才第一次到了她家，算是正面地、近距离地见到了自己未来的夫君。结婚了，当天夜里，郑献珍问叶旭强：

"订婚你不来，这是怎么一回事？"

叶旭强说：

"事情没做完，离不开啊。"

前面说到叶旭强的同伴，偷偷从自家抽屉里抽出一张五角钱的人叫叶泰熙。现在是乐清最大的私立学校——乐清国际外国语学校的董事长。他和叶旭强同岁，迟二十天出生，他们是小学同班同学。住在叶旭强家南边不远。他俩是远房同宗，排起辈来，叶旭强比叶泰熙高两辈。叶旭强辍学后，叶泰熙还在读，至小学六年级毕业。他家的成分比叶旭强更糟，爷爷是地主，伯父当过国民党乐清县最后一任党部书记（毕业于暨南大学。改革开放后为浙江文史馆馆员。叶旭强的孩子叶仁乐、叶灼如、叶际涵是他取的名字）。之所以爷爷和伯父没有被枪毙，是因为他们解放前掩护过共产党员，为共产党做过好事。叶泰熙说，他坚决不种田，他第一份工作是泥水工，他要离开自己的村庄。离开村庄，外出学手艺，别人就不知道他是地主的孙子了。做手艺要比别人做得好，这是地主孙子必须的。他说自己结婚比叶旭强晚两年，1976年。他又自豪地说，自己那时结婚比叶旭强风光，因为他的老婆是乐清城里人！那时候他做泥水已经做出了头，很有名声，已是泥水包工头了，手下有三四个泥水工。他有两个舅子，都是共产党员，一个在温州城里温州化工厂工作，一个是乐清供销社的主任，当年供销社的主任可了不得，比公检法官员吃香多了。他结婚的时候，城里的车开过来，整埕整埕的黄酒滚过来，金丝河金西村弥漫着酒气，热热闹闹，沸腾了！

穷则思变，当年成分不好，也有好处，就是使人发愤图强。

哲人说

无论如何，你的骰子已亮出它的点数，我的骰子还在盒子里跳跃，等着吧。

第二节

没有工资的学徒工，叶旭强算是华丽转身了

1970年，叶旭强19岁那年，干了一件特别的事。一天，七里港一个声望甚好的中年人找到叶旭强，让叶旭强帮他做一件事。叶旭强不知什么事，但慨然答应，他相信这个中年人。中年人找来一条黄篷"河泥溜"，让他在下午四点左右东海潮落时，从内河经过项浦棣村出坝，然后划船到海岛洞头县本岛北岙。到那里以后，有人会来接应，让他运一点东西回来。

堤坝很高，当年七里港一带内河的船要出外河，也就是进入瓯江，必须"绞坝"。绞坝就是粗壮的络麻绳索系住船尾，绳索分左右，沿着船舷两边，直达坝岸两端。坝岸两端各设绞筒，直径60厘米许，高约1.2米。绞筒相对四个洞，穿以木棍，人双手攥住木棍进行拉或推。绞筒转动均匀，船体保持平衡。络麻绳索一圈圈箍在筒上，船体渐渐离开水面，抬升过坝，船就自然而然顺着滑溜的黏土，进入瓯江。使力的是人，没有机器，坝岸两端都站着四五个人，二十来只眼睛盯着。

叶旭强顺利通过绞坝。他到了洞头本岛北岙一个指定的地方时，天已大黑。有人接应，所见都非常客气。让叶旭强把船交给他们，说你先好好吃饭。叶旭强被引入一户人家，饭已盛好，菜也可口。饭后点上烟，心想今天请我干活，运什么东西呢，非要在天黑？

一会儿，说货已装好，可以出发了。叶旭强与他们道别上船，把船划离埠头。月亮如钩，东海苍茫，潮已涨，逆风不大，浪却不小。叶旭强用力往老家方向划。远远瞥见衔着灵昆岛的瓯江口，叶旭强来了好奇心：货物不多不重，可为什么要在夜里运输呢？他们为什么对自己那么客气呢？他要看个究竟。他进了舱，只见全是番薯。叶旭强觉得不对，是番薯的话，白天就可以，运输不必那么神秘，下面肯定还有什么别的东西。他把几组番薯一挪，果然，下面全是枪支！那时武斗，枪支是要命的东西。事情比天还大，叶旭强不禁心里打了一个激灵。这事若被人发现，张扬出去，凶险难料。他很快平静下来。他相信这位声望甚好的中年人，他答应了的事情，他一定能够做好。而且，他没有询中年人运输什么，中年人没有回答，理所当然。他必须把枪支运到目的地再说。

他的船到了瓯江，靠到项浦棣村绞坝处，上岸不慌不忙交了费，向睡眼惺忪值班的十来个绞坝工一一点头，道谢"辛苦辛苦"。还把自己的香烟拿出来，叫人给分一分，谢谢大家。他回来坐在船尾。这回绞坝是把船从外江绞进内河。往上绞走时一切顺利。可是过了坝顶，船体飞溜而下的时候，叶旭强胆战心惊。因为太快，船首着水后忽地高高竖起，而船尾着水又重重陷入水中，浪花入船。叶旭强心想完了完了，船要沉没了，怎么交差！但当船首复又吃水时，船尾便抬升而起，一颗悬着的心总算放下。

船体一震荡，番薯移位，枪支露出来了。叶旭强心脏跳得飞快，还好，离绞坝处已远，河道里没有一条别的船。

内河蜿蜒，桨声欸乃。从七里港到乐清县城乐成，还有两个多小时的水路。几个村庄，几座石桥，几棵墨黑的大榕树，不见人声，只闻犬吠。接近城里时，他尽量不让打桨发出声音来。终于，叶旭强把船划到了指定的地方，指定的家屋。

鸦默雀静。屋内无光无声。船已泊岸，怎么没有人接船搬货呢，难道出了什么大问题？叶旭强只管走出船来，向家屋敲门。敲了两下，门打开，一群兴奋的人蜂拥而出。中年人紧紧握着叶旭强的手，像是见到隔了三秋的老朋友。

后来知道，那天屋里，还坐着乐清县民兵指挥部副总指挥杨志东。运枪一事，是他的指令。他见到了叶旭强，可叶旭强哪里知道。

话说叶旭强运枪一事，实是很严重的事件。这件事如果被发现，那是什么罪名？杨志东作为乐清民兵指挥部副总指挥，这是个临时职位，他的实职是乐清县机械厂革委会主任；后来叶旭强进入乐清机械厂，杨志东不仅是同意，更是他的主意。他看重叶旭强这个小伙子。

进入乐清机械厂，对杨志东是很小很小的小事。对于叶旭强，则是人生的一个关键点。

乐清机械厂是国营单位。那时的国营单位，天之骄子，受人羡慕和眼馋。叶旭强能够进入很不容易，但只能先当学徒，而当学徒是没有工资的。而且，杨志东说，叶旭强还要出具一张介绍信。当年的介绍信，首先相当于今天的身份证。一个人出村、出公社、买猪仔、买家具都要掏出来，说明你是哪里人、干什么。进城那就不用说了。介绍信是必需的。而杨志东需要的介绍信，用来安排工作，那就更重要了。

堂叔叶明育，也就是现在和叶旭强同事的、公司总经理叶浩东之父，他是慎江捕捞队采购员。叶明育请他最好的朋友、慎江捕捞队党支书周如福出具介绍信，给了杨志东。慎江捕捞队主要从事渔业生产，那是集体所有制的。手续齐备后，叶旭强顺利进厂。

叶旭强觉得天空一片蔚蓝。他不能当兵，他要当工人去了！农民土里刨食，刨不出现金来。人均耕地就很少，锄下一点点土地，还要交农业税。养一头猪，算是积累，要交屠宰税，而猪肉永远是六毛四分。农产品定价很低很低，相比之下，工业品就很高。农民手中种植或养殖所需的工具设备、化肥、种子、农药、饲料等生产资料，价格高昂。农民买不起手表、自行车、裁缝机……他们不知道有"剪刀差"三字。他们苦难着，一直苦难着，但他们不知道为什么苦难着。他们没法挣扎，他们被捆绑在土地上。温州一带天灾，如风灾水灾（如水灾带来的泥石流，七里港一带台风带来的暴雨、海水倒灌）都要农民自己经受。可是根本上，土地却已经不是你的了，不能买卖和流转。土改时，农民是分得土地的，但很快就"合作化"，土地划归集体，农民种着国家的土地，自主权就没有了。别的没有了，户口却有，你的户口在哪里，人就只能永远在哪里。

叶旭强到工厂里上班了。他的父亲坚决支持儿子的选择。对于工农的区别，父子是觉悟过来呢，还是看清世道呢？不能不说，父子极其明智。

叶旭强没有一分工资，他不在乎。他进城了，当了工人，他要学技术！他认为有了技术，就不怕没饭吃。有了技术，就是船只有了马达，小鸟长了翅膀。因此在乐清机械厂，他把命扑进去学习了。

他和同事搞好关系。对师傅更是虔诚崇敬，执礼甚恭。他只读过四年书，这是他的硬伤。他必须用加倍的努力来补偿，去学习。他没有工资，可他经常请师傅吃饭喝酒，也请技术娴熟、能力高强的工友吃饭喝酒。哪怕师傅和工友教他一点点技术，他都感恩戴德。

对三角几何之类知识从不懂到懂，对机械操作从不熟悉到熟悉，过程该是漫长的。叶旭强中午从来不休息，甚至下午下班还在摸索、工作。他眼尖嘴甜，用功再用功，跟着、黏着技术员学文化、学技术，较快成了学徒里的佼佼者。

在乐清机械厂，有两件事使他记忆深刻。一是他租住在工厂不远处，一个破而又小的房间里。房间没有天花板，门已关紧，冬天的冷风还是呜呜地响。这还不是主要的。叶旭强刚刚入睡，老鼠成群结队而来，在床上、被子上、枕头边、在脸上跑过、跳跃，它们游戏、寻欢、争执、撕咬。叶旭强开灯，它们给他面子，暂时退回暗处。倒头又睡时，不到五分钟，老鼠又来了。叶旭强有时把头蒙在被子里，任凭老鼠吵闹斗打，可是老鼠不依不饶，有时竟钻进被子里来。睡不好觉，头昏脑涨，有时无意识在被子上摸一把，抓住老鼠，狠狠甩了。老鼠报复来了，有一天，差一点被咬了耳朵……

叶旭强毫无办法。有时周日回家，也不跟家人说及此事。家里吃口多，日子本来艰难，自己又没有工资，还能让家庭改善自己的租房条件？叶旭强想都没想。而租屋离工厂近，主要是租金低廉，只好忍着吧。

终于有一天，厂里一位外地的工程师辞职，和妻子一起离开乐清。这是一位好心的工程师，他向厂里建议，叶旭强这位年轻人头脑活泛，干活刻苦，空出来的房间让叶旭强住为好。厂里同意。时值今天，叶旭强说起此事，对这位从无再见的工程师充满感激。

叶旭强说：

"什么叫幸福？有对比才有幸福，没有对比，永远不知幸福。工程师的房间在厂里，天花板严密，玻璃窗也严密，还有现成的蚊帐。天花板下有吊扇，别说老鼠，就是蚊子也没有。住在这个房间很幸福，那是老鼠给我带来的。"这话应了日本近代大作家夏目漱石所说："一切安乐，无不来自困苦。"

可是，世事难料，一件痛苦的事情等待他了。

有一天，厂里忽然吹起哨子。大家便集合起来。原来是厂里丢失了一把钨钢刀。钨钢刀作为特殊制作的刀具，主要用于数控加工中心、CNC 雕刻机。也可以装到普通铣床上，加工一些比较硬质的材料。钨钢刀的硬度仅次于钻石，不易磨损，因此价格昂贵。

丢失钨钢刀，这还了得。开始是叫大家分头寻找。叶旭强便在自己生产的地方仔细寻找，没有。许多人都说没有，找不到。后来渐渐地，叶旭强觉得情况不妙，因为察言观色，看见一些人交头接耳，然后看看自己。而且这种人慢慢多了起来。终于，傍晚时分，有人找他谈话了。先是旁敲侧击，后来是说钨钢刀的丢失是否和你有关系，你自己拿出来，我们就不追究，就不把你当贼云云。叶旭强忽然明白，许多人交头接耳地看看自己，原来是把自己当贼了。他对找他谈话的人说，这种事我叶旭强不会做，而且永远不会做，不要浪费时间，延误破案；请让警察过来，仔仔细细查，是我的话，我去坐牢。

有人搜了叶旭强的房间，没有。

厂长杨志东知道了这件事，他认为叶旭强不会干这种小偷小摸的勾当。但他认为要彻查此事，不能放过任何人。警察也来了，这么一来，事情总算有结果。最后，钨钢刀在保管员家里找到了。他认了罪。

那么，为什么许多人认为是叶旭强偷的钨钢刀？因为叶旭强该休息的时候不休息，总在车间里干活。经常东瞧西望地转悠，看看人家是怎么做活的，人家哪里比自己做得好。他没有一分钱的工资，却经常请工友喝酒，有讨好之嫌。反正，叶旭强不同于常人。不同于常人的人，被人怀疑为贼，顺理成章。而这，也是叶旭强苦苦学技术的一个小小"代价"。

我问：

"你觉得鼠灾痛苦呢，还是被人诬为小偷痛苦？"

叶旭强大笑:

"这怎么好比,老鼠多只是让人睡不好觉,这是生活上不好受。说你是小偷,这是怀疑人品了,那是痛到心灵深处的事。"

做小偷那是人品不行。在后来的采访里,我了解到在"慎江阀门",叶旭强对公司人员,不管是对干部、工程师还是对工人,"人品"的要求是很高的。对自己的孩子,都有这方面的教诲。我想还好,小偷找到了。万一,钨钢刀找不到,小偷的嫌疑裱褙着叶旭强,那如何是好?

哲人说

心若充满阳光,人生即便下雨也是春雨。

第三节

刚觉得日子最是美好，可悲伤之事跟着来了

师傅和工友都想不到，叶旭强进步会这么大。一年不到，机械上的活儿，叶旭强什么都会了。1971年，乐清氮肥厂生产忙，需要紧急救援，机械厂指派叶旭强去当车工，开车床。两个月后，乐清糖厂又向机械厂要借熟练工，厂里又叫叶旭强去帮忙三个月。这下有工资了，叶旭强记得，是三十元。

1972年下半年，叶旭强被乐清县运输公司革委会主任蔡文通要去了。蔡文通和杨志东交好。运输公司下面有个机械厂，在磐石。磐石在乐清的西南角，瓯江边上，对面就是温州城。进入乐清县运输公司机械厂，就是正式工人了，工资四十三元。工资是稳定的工资。叶旭强把其中二十三元上交家庭，交给父亲，自己留下二十元。

我1975年当民办教师，工资是二十六元五角，另有粮补二元，一共二十八元五角，六年不变。

当时，温州有民谣：

"工资三十三，老婆娶漂亮；屋宇起三间；香烟吃牡丹。"

当年温州民间抽烟，一般都是"飞马""五一""利群""劳动"，稍好一点是"上游"，最好的就是"牡丹"了。那时的牡丹烟是两元五角一包。可见叶旭强1972年的四十三元，算是普通工人中的高工资了。

是的，这时的叶旭强已是大师傅了。他的手下有30多人，多数不会干活，因为是干部子弟。这下有的干部子弟很想上进，经常请叶旭强吃饭喝酒了。叶旭强穿着背带裤，兜里揣着钢皮尺。他在车床上干活，显得非常潇洒，非常时髦，又非常威风。耳边有"叶师傅，叶师傅"叫着，叶旭强惬意，心里很是满足。

叶旭强他们自己做车床。做出的车床卖到哪里？江西上饶、南昌。在书信和电话里把大小、重量、功能、价格谈妥，运输公司就叫叶旭强亲自送去。他能把事情办漂亮。有的部分需要装搭，对操作和保养的注意事项，都要给对方一一说明。对方工厂有的是钢材，而叶旭强这边需要的就是钢材，还有钱。这样，钢材运过来，钱通过邮电汇至运输公司。叶旭强办事，总是漂漂亮亮的。每次，主任蔡文通能给叶旭强不菲的现金补贴。

1974年，23岁的叶旭强结婚。那年妻子郑献珍20岁。郑献珍说："结婚是正月初十，阿强正月初九还没有回家。我心里急啊，是否他又要像订婚时那么缺席啊，阿强佬是否心里没我啊！初九一夜睡不好，一直在祈祷。还好，他初十上午到家了。"至于到哪里出差回来，郑献珍记不得，阿强也记不得了。这个细节，具有象征意义，注定叶旭强这个人，不会活在个人情感生活里。天下人生多种多样，

第一部分 纵叙：从『路漫漫兮修远』，至『空中闻天鸡』

没有是非美丑之分。在情感世界里，复杂人生简单化，也没有什么不好。他俩没有花前月下，卿卿我我，没有儿女情长，但是40多年过来，以沫相濡，和和谐谐，爱在心中。从此以往，家里的事全部归郑献珍，叶旭强在厂，或者说在厂里厂外劳作。

也是这一年春天，杜鹃花还没有开，杭州阀门厂到乐清寻找机械骨干，他们要拓展生产。找到叶旭强，叶旭强愿意去。虽然在磐石，已经能够做阀门了，但做出来的产品都是初级，技术含量不高。要把阀门做精做强，还必须学习新的技术，更上一层楼。

一路颠簸，汽车先跳到杭州武林门，后又到了余杭。杭州阀门厂在余姚。余杭在杭州西北部，杭嘉湖平原和京杭大运河的南端。叶旭强这是借用到杭州阀门厂。虽然机械上许多原理都相通，但认认真真做大的阀门，算是长知识了。今天，叶旭强回想起杭州阀门厂的阀门，很是简单，算是小儿科。但那里有工程师、大师傅。近一年，叶旭强在技术学习上，一丝不苟，竭力用功，学到不少知识，为他后来的阀门制造和研究，打下了坚实的基础。造化如此，当年不到杭州阀门厂，是否有今天的阀门工程师叶旭强？是否有世界知名商标"SJV"？真是不知道。

到了年底，回来过年，杭州到温州乐清的客车却停开。

叶旭强只好曲线回家。怎么"曲"法？他先乘车北上，绕道至上海，又转坐煤船到乐清。三百公里走了三天三夜。

过了年，形势还是这样，叶旭强就无法再到杭州阀门厂了。

后来的几年，叶旭强都在磐石原来的单位，乐清县运输公司机械厂。杭州阀门厂的历练，使叶旭强如虎添翼。号称三级工，大师傅。他的技术无人能出其右，有时在厂里，有时到外省出差。日子过得顺溜舒畅。

运输公司机械厂的厂长，由乐清县运输公司革委会一个副主任兼着，一般不来上班，他信任叶旭强。叶旭强名义上只是车间主任，实际上可以说了算，就有厂长的实职。他的家庭成分决定他不能当厂长。而叶旭强对于什么厂长这些称谓，根本不在乎。

他说：

"在磐石那个时候，是我人生中心情最为愉快的时候。别人尊重我，我很吃香很吃香。香烟抽大前门，喝酒喝上海白酒，什么石库门啊、七宝大曲啊。啤酒也是上海啤酒，商标上有麦穗的那一种。嘿嘿。"

可是，"四人帮"粉碎后，运输公司机械厂的厂长，也就是乐清县运输公司革委会副主任，说是"四人帮"这条线上的蚂蚱，被"烹"了。换上来的厂长，倒是叶旭强一个朋友的儿子，比叶旭强小五六岁，是磐石另一个厂的人，曾经在车床上拜叶旭强为师的。他叫叶旭强"叶师傅"。他们来往很多，关系很铁。可是不久，叶旭强发现这一位不对头。到了厂里以后，趾高气扬，大家都要对他显出十足的敬意才行。他玩虚的，整天召集开会，又是"揭"又是"批"，生产单位没有生产的样子，完全出乎叶旭强的意料之外。"四人帮"他们不是只搞阶级斗争吗，打倒了，我们应该好好搞生产了。可他偏偏不，突出政治，这样一来，工人们对厂长倒是不在乎，心里只是尊重叶旭强一个人。这结果，厂长不好受，对叶旭强有了看法，渐渐地没有从前的恭敬了，"叶师傅"不叫了，只叫"哎"。有时见到叶旭强，好像没有看到，只管擦身而过，好像叶旭强是空气。

叶旭强非常失望。

可是，坏事悄悄转化成好事。

这个时候开始，叶旭强有时干点私活。所谓干私活，就是周末时帮别人干点活。别人有车床，却做不出产品，只得求拜叶旭强。机械上的活都难不倒叶旭强，比如修理柴油车、修理船只汽轮机，他都可以。名气大了，有时被请到别的县去，如到洞头县大门岛修理船上机器。但须不让人看见，蓑衣或帘布蔽之，被人发现，被人举报，那是要批斗的。

此后几年，也就是 1976 年底到 1979 年，叶旭强花钱租了机床，安在柳市轮船码头，也就是柳市粮食机械厂里做私活。工人是两个弟弟叶旭博、叶旭海。叶旭强是技术指导，周末过来一起干。

也就是粉碎"四人帮"的这一年，1976 年，叶旭强得了第一个千金，活泼可爱，取名叶仁乐。夫妻俩欢天喜地。

1978 年，第二个女儿出生。郑献珍出血很多，身子亏了，一点奶水都没有。养好了身子，还是一点奶水都没有。夫妻商量，为了孩子的健康成长，决定寻访一个奶水充足的奶娘。郑献珍到磐石做工，工钱拿来给奶娘。事情就这么定了。奶娘也找到了，把孩子交给了她。可是非常不幸，孩子在奶娘处养了几个月，竟然夭折了。消息传来，夫妻俩欲哭无泪。现今说起来，郑献珍还很沉痛，而叶旭强却不愿意说了。说起这些事，做父母的，哪个不凄凄惨惨呢。

1979 年冬天，叶旭强家里发生一件更是不幸的事：哥哥叶旭华意外去世！

叶旭强今天还记得，和哥哥离别的那一天凌晨。哥哥和平时一样，天未亮就去捕鱼，他知道今天弟弟叶旭强要出差，经过叶旭强窗外，驻足，说：

"阿强、阿强，我以后'三角棱'不弄了，和你一起弄车床。"

叶旭强被叫醒了，回答：

"好的。"

不想这就是诀别。

叶旭强当时出差湖南吉首（张家界边）。回程时，火车至金华，汽车至温州，已经入夜。他便住在温州工农兵旅馆。工农兵旅馆在温州城东北边，次日回乐清方便些。多日旅途劳顿，这种情况之下，叶旭强在旅馆向来是一觉睡到大天亮。记得那一夜，工农兵旅馆已经无床，他蜷躺在一张乒乓桌上睡。那天夜里有梦，他梦见一个人，浑身是水，从江里爬起来。叶旭强早上起来，心情不快。他便到了车站，然后乘车到七里港。

叶旭强拎着行包，乘车至柳市车站，步行至七里港金丝河村。他发觉路上见到的人眼光异常。问候的口气也异常，其中慰问的成分重。到了金西自然村家边，他的心"咯噔"一下，因为家边有很多人，他判定，家里肯定出大事了。那时家里祖父祖母都在，父亲母亲都在，会是谁出事呢？只觉得心里塞进了茅草荆棘……

叶旭强的徒弟赵新华，那段时间住在师傅家里。他说师傅的大哥在那一带口碑很好，出了意外，大家都很难过。家里人更是痛苦不堪。赵新华也难过，担心师傅回来难以承受，那几天赵新华都在金丝河桥上过夜。

世事无常，不以尧存，不以桀亡。哥哥叶旭华和父亲一样，勤劳而精干。那时在家里，就是顶梁柱。除了农活之外，他还偷偷地在七里港和灵昆岛之间的瓯江口用"三角棱"捕鱼。所谓"三角棱"捕鱼，就是在河里打桩，在两桩之间布下长袋子似的网。落潮了，袋尾甩向东边；涨潮了，袋尾甩向西边。买做的"三角棱"，许多钱都是叶旭强挣的。那时捕鱼，只允许官方捕捞队捕鱼，比如慎江捕捞队。个人是不许的。农民只有种地，和生产队全体社员一起出去种地（一个人种地也不许）。温州"七山一水二分田"，人口那么多，田活农活农民睡着也能完成，他们有太多的时间却只能空闲着。瓯江是那么长，东海是那么大，水里有太多的鱼、虾、蟹、鳖……但，你个人要捕鱼，你就是坏人，要被批斗的。所以，要捕鱼，只得偷偷地去捕。所以，哥哥叶旭华和村里另一同伴凌晨就出发了。他俩有多张"三角棱"。他俩划着"河泥溜"出发了，采收一张一张"三角棱"里的鱼。估计把鱼捕来后拢岸，天刚刚亮。岸边已有做贼似的鱼贩子在等了。倘若捕得少，就给自己一家当饭菜吧。

这是一个冬天的清晨。非常奇怪的事情发生。村里的人回忆，那天是日如夜，乌云飞渡，冷风骤起，大雪斜飘，大海呜呜，桅帆猎猎，江南乐清七里港刮起了罕见的夹雪龙卷风。大自然喜怒无常，它的力量之大是难以描述的，力拔山河，雷霆万钧，有人对它的可怕认识不足，嚷嚷"人定胜天"，实在是自不量力，非常好笑。可它偏偏对两个善良的农民冷酷无情，翻脸不认人，展现它巨大的魔爪，它是干什么？天理何在！

哥哥上午没有回来，中午也没有回来。父亲觉得大事不好，立即紧急寻救。许多船划出去，到了安放"三角棱"的地方，可是叶旭华的船只不见踪影，想必是被风刮进东海了。哥哥和同伴是好水性，可是左右不见人。

叶旭强回家的时候，哥哥同伴的尸体已经找到。哥哥活的希望还有吗？应当已经没有了。就是说，哥哥不可能还在东海的船上。大风来临，船只有时可能离开水面，在空中翻飞，人的脑袋碰到船上任何物件，立时休克，掉在水里，根本没有知觉。那时七里港一带捕鱼人，一年总要淹死几个，本地有句古话：脚踏船板半条命。

寻找不到哥哥，叶旭强寝食难安，痛苦不堪。父亲是大家庭的主心骨，大哥是兄弟的好榜样。勤劳、节俭、带头，样样走在前边。叶旭强夫人郑献珍说："大哥很聪明，很能干，如果他活着，后来的家庭状况就不是现在这样的了，阿强就不会像现在这样，动脑辛苦，天天早出晚归了。"

梦里，叶旭强用"垒网"（两只船并行，中间是拖网）

把大哥捞到了。清晨起来叶旭强便用了"垒网"，还是没有结果。叶旭强说，他不相信这些梦。但他为什么前一天梦见一人浑身是水，后一天又梦见用垒网捞人？我想没有别的解释，只有叶旭强对哥哥太爱了，太有感情了：他总是在无意识里寻找蛛丝马迹。

后来是灵昆岛有人来，说他那边滩涂上有一个人，人的屁股是清清楚楚的。叶旭强和三弟叶旭博、四弟叶旭海立即划船过去。三个兄弟向目标艰难走去，到了，使之翻身，果然是大哥。

三个兄弟慢慢地把大哥抬到海里洗，洗得干干净净，再小心翼翼抬到船上。三个兄弟痛哭。

天很冷，水流无声。叶旭强首先把自己的外衣一个纽扣、一个纽扣地解开，脱下来盖在哥哥身上。三弟叶旭博也把自己的外衣脱下，盖在大哥身上；四弟叶旭海跟着也把自己的外衣脱下，盖在大哥的身上。

那一年，大哥叶旭华只有三十三岁，留下三女一子。

大嫂痛不欲生。"今后的日子怎么办啊！"她在床上大嚷，也是理所当然、人之常情的事情。

叶旭强流着泪，对嫂子说：

"我有饭吃，你们五人也一定有饭吃。"

叶旭博和叶旭海对大嫂也这么说。

叶旭强还对嫂子补充了一句：

"今后有什么要求，你只管说。"

一条汉子，为了生计，为了避免惩罚，凌晨偷偷劳作，死掉了。中国农民家庭，许多时候，大儿子对家庭最有感情，对家庭有强烈的爱，能承担家庭的责任，对家庭有真正的付出。大哥叶旭华就是这样的人。叶旭强说，那时的家庭，自己虽然能挣几个钱，可大哥是顶梁柱，兄弟都听他筹划。叶旭强知道，大哥一走，惬意的时候已经离他而去了。大哥倒下，他必须冲上去，撑起家庭的天。作为交通机械厂的生产领头羊，一群徒弟跟着他，他吃香喝辣，潇潇洒洒。现在只顾自己潇洒不行了，他必须先要让自己一家人好好生存下来再说。他要离开运输公司机械厂，离开熟悉的车间，甚至是已经打拼下的舒适天地。他必须是家庭的顶梁柱。他只好回来自己干。因为家庭太大了，祖父祖母、父亲母亲除外，嫂子一家五口，自己一家已有大女儿叶仁乐、小女儿叶灼如，儿子叶际涵也已怀上。三弟叶旭博、四弟叶旭海很快都得成婚成家。大哥离世，两个弟弟干着农活，打着小工，他叶旭强必须扛起家庭重担。他向机械厂辞职了。辞职是破釜沉舟之举，但叶旭强义无反顾！

叶旭强漫长的阀门之旅，从此正式启航。

　　生活使你处在分岔路口，不要迷茫，不要随波逐流，按你心中的方向前行吧。

第一部分

纵叙：从「路漫漫兮修远」，至「空中闻天鸡」

第四节

社会在向好，要有定力，要有定力

1979年，叶旭强自办企业，风险蛮大。但那个时候的人，自己并不觉得，因为刚刚出笼之鸟，怎么一眼看得清茫茫天空？

曾几何时，"温州是资本主义温床"的说法甚嚣尘上。有人说，什么是资本主义，你到温州就知道了。那时官方一些人，对"温州"俩字会条件反射。由于"投机倒把"被判刑，被枪毙，温州屡见不鲜。我听一位官员说，温州某个镇，一天有二十个"投机倒把犯"被枪毙！中共十一届三中全会已在1978年12月召开，中心议题是把全党的工作重点转移到经济建设上来。有八个字很重要：解放思想，实事求是。但真正解放思想、实事求是还远远没到来。当年隔壁的柳市镇，到了1982年，还出现"八大王事件"。

"八大王"，即五金大王胡金林、矿灯大王程步青、螺丝大王刘大源、合同大王李方平、旧货大王王迈仟、目录大王叶建华、线圈大王郑祥青以及电器大王郑元忠。现在看来，他们是市场经济的带头人。而当年的情形，他们还在"风口浪尖"上。他们以"投机倒把罪"，被列为重要打击对象。有的被抓被判，有的潜逃。胡金林到了1984年春节，潜回柳市，仍然被捕，坐牢66天。刘大源出狱后，还是摸不清政策，此后第4年，他还关停了他的所有螺丝铺。"八大王"之所以会被打击，重要原因是事发地为众矢之的的"温州"！

改革春风，吹到温州已经很迟了。

叶旭强幸运，他没有被打击。堂房兄弟叶道义先生说，作为中国第一代民营企业家，叶旭强没有被打击，原因有三。一是叶旭强为人低调，专干技术活儿，不问政治，不参与社会的各种派系，不与各种头头脑脑打交道；二是叶旭强和他父亲有智慧，有人脉，他受到许多人爱护保护；三是大势向好，基层干部几乎是一边倒地支持自由经济。他们知道什么样的情况下，老百姓会过上好日子，什么样的情况下，人会活活饥饿至死。不必对他们做理论分析，假大空的话对他们毫无作用，他们的经验和感觉是感性的，最最真实的。

而叶旭强说，他真正得益的，还是改革开放政策。

是的。自 20 世纪 80 年代以来，中国的经济为什么能够腾飞？无数人为什么能够脱贫致富？是因为我们那时突然掌握了什么高科技吗？是因为中国发生了一场工业革命吗？不是，是改革开放把交易的自由归还给了人们，人们的自由增加了。以前做生意是投机倒把违法犯罪，改革开放后做生意成功了，是令人尊敬的万元户、致富带头人、民营企业家。激励机制变了，时代就变了。激励机制决定了人们的行为，决定了生产力的高低。有人说，"制度的品质，决定财富创造力的大小"。

山幸水幸！

办企业，做什么呢？叶旭强认为什么鸟吃什么虫，他会制造阀门，他就先办阀门厂。

叶旭强又租了一台机床，现在是两台。租金是一台机床工作 1 小时 1 元钱。比如工作 12 小时，两台机床 1 天给 24 元钱。那么，一个月就是 720 元。这个数目不低。那么，就得争分夺秒干起来，生产阀门。三弟叶旭博、四弟叶旭海都干过，还雇了其他人。叶道义先生说，他曾经两次送叶旭博去学机械，一次到洞头，一次去乐清县仪表三厂。叶旭强教会大家做阀门。因此叶旭强即使出差，也不影响生产。

叶旭强做了市场调查。当年，阀门业内国有身份的老大哥，已经用上新的机器设备，主要按"国标"和"美标"制造阀门。但不少农村化肥厂还在使用 50 年代的旧设备。这些小厂使用的"非标阀门"型号杂、批量小、利润低，许多大阀门厂已不再生产或很少生产。留下非标阀门这个小市场，可供"慎江"这样的私企容身，生产着没有明确性能执行标准的产品。

叶旭强作了决策，运用自己船小掉头快的优势，以生产这种非标阀门作为自己的主攻方向。此外还要提高服务档次，上门订货。"从非标阀门起家"，后来事实证明，这一招果然奏效。

市场调查的时候，通过朋友接触了和阀门有关联的专家，听听他们对做阀门的意见。他们毫不客气，予以否定，说你乡村小厂做阀门根本没有前途，迟关门不如早关门。说这话的，一位是"金山石化"的颜先生，一位是上海梅陇阀门厂的王先生。后来，两位"打击"者都成了叶旭强的朋友。叶旭强当时笑笑，心里根本不为所动。"金山石化"和上海梅陇阀门厂都是国有大企业，后者现在已经倒闭。这是后话。

当年两台机床放在哪里呢？自家猪圈里不养猪了，猪圈地上填一填，老鼠洞塞一塞，几个人就在猪圈里干活。

半年之后，七里港有个机械大师傅叫林通林，愿意出让一台机床给叶旭强，价格3000元。当年这是个大数目。3000元哪里有啊？但叶旭强决定买。他筹集了几天，得1300元。林通林师傅通达，对叶旭强说，车床你先拿去用，另外1700元2个月后补交。磐石的朋友，运输公司机械厂的几个同事知道后，很快把钱凑齐，给了叶旭强。叶旭强至今记得，后来和他成为至交的董光亮的父亲借给了他150元，他的老领导、乐清县运输公司革委会主任蔡文通的夫人也出了钱。

叶道义先生带我去看叶旭强的老屋。叶道义也找不到了，他指着几座凌乱破旧的房子，说，样子就是这样的。房子下面是石头砌的，开窗的左右砖块砌就。砖块外当年刷了白蛎灰，现在斑斑驳驳，又黑又白。上方是人字屋顶，像是畚斗反扣下来。楼上人能站起来，但窗户很低。现在青藤缠绕着西墙，瓦菲萋萋。叶道义说，叶旭强家虽然有三间两层的房子，但人多，挤得要命。叶旭强夫人后来对我说，她的一家当年住在东边间的前一截。她边说边比画，床放哪里，柜子放哪里，马桶放哪里，反正是挤得要命。

后来发展到8台机床。叶旭强借钱自己造了两间三层的新房子，自己一家、四弟叶旭海一家住在新房子。厂子里客人来得多了，都住在新房子里。腾空的地方进了机床，还是拥挤，而多了轰轰隆隆的声音，有时直至深夜。厂名也取了："慎江阀门"厂。七里港镇那时叫慎江镇，所以厂名至今还是"慎江"。

产品要发展，质量要提高，关键靠技术。那时有几句话喊得贼响："借船下海""借脑兴技""借智兴厂"。上海退休工人是一座技术的宝库。他们虽然文化水平不高，但经验丰富，技艺高超，对制作各类优质阀门是三个指头捏田螺——只只稳。早就梦寐以求的叶旭强终于托人请来了上海良工阀门厂的退休师傅赵定保，赵又介绍来了他的师兄、工程师叶林根。叶林根是良工阀门厂的技术尖子，劳动模范，而退休后只领受菲薄的退休金，一家五口挤在10多平方米的小间里，他也愿意到"慎江"，给家人腾地方，自己在农村吸吸新鲜空气，待在金丝河蛮好。不久，叶旭强请他把老伴也接了来。考虑到上海人的习惯，叶旭强特地安装了"土"自来水，买来了淋浴器，安排好他们的生活。叶林根喜欢抽烟，没的说，叶旭强一天供应他一包"牡丹"。

叶林根师傅到厂后将工厂的生产设备重新安排。叶师傅和叶旭强商量，自行设计、制作可以灵活翻转的水压、气压共通道的阀门测试台，一个月就完成了制作安装，节约了大笔资金，为产品质量检验提供了保证。接着，叶师傅又设计制作了十几套工装夹具，取代了手工操作。这样，阀门加工精密度提高了。他还开设工人技术培训班，提高工人的技术水平。叶旭强和叶师傅成了亲密朋友，晚饭后散步，夏夜乘凉，一谈到阀门，两个人没完没了。叶师傅有什么设想，叶旭强马上答应试制，叶师傅十分高兴，感到自己的才能有了用武之地。

叶旭强聪明过人，向叶林根认真学习理论和"实践"，阀门技术提高很快。在制作法兰截止阀时，叶旭强向叶林根师傅提出，可否采用国外阀门某些优点、部分仍用国内阀门设计的方案，得到叶林根师傅的肯定。他马上自己修改图纸，制造了一种新型阀门，投放市场，受到意想不到的欢迎。

请到了上海师傅，叶旭强如虎添翼。通过他们，又结识了良工阀门厂的一些高级技术人员和上海机械通用研究所阀门监督站的技术人员。叶旭强有了一个智囊团，许多生产上的"疑难杂症"，让他们把脉"医治"。问题都得到迎刃而解。"慎江阀门"，质量又进一步得到提高。

改革开放深入，"姓社姓资"争吵已经停歇。而各地新的阀门厂像雨后春笋，阀门市场将面临新的竞争，而阀门的材质问题是质量的关键。叶旭强记得，第一次造闸阀时，经过精密加工的五只闸阀，测试竟然全部不合格，压力打不上去，怎么回事呢？百思不得其解。最后到良工阀门厂请教，才知道是材质不合格。于是，叶旭强创办了自己的铸钢车间，建造了理化测试室，这样投入，材质上便得到保证。又建立大金工车间。一般新办小厂，多数只生产小口径阀门，叶旭强有了设备完善的大金工车间，就可以生产大口径阀门，这是当时一般阀门厂没有条件竞逐的新领域。

这个时候，慢慢地，出现了一个新情况。而且情况渐渐地严重起来。同在七里港，挨近金丝河村的南边的里隆村，从1980年到1983年，成了中国有名的走私村。当年说"香港有九龙、台湾有基隆、大陆有里隆"，可见里隆之繁盛。里隆所在的七里港区，现在有中央直属储备粮库，建筑面积1.6万平方米，可见此地的辐射范围和战略地位。上溯百年，这里为孙中山建国大纲中规划的东方第一大港，想不到，第一次派上大用场竟然是走私！温州人去上海，走的基本是海路，海轮从温州港开进开出，船到里隆码头外都要歇一歇，等着码头这边的小渡轮开去接人。接来的人几乎都是买走私货的人。里隆在瓯江边，还有渡轮直达洞头、灵昆、温州城、大麦屿、坎门、三盆、元角等地，买卖很快喧闹起来。

改革开放，《告台湾同胞书》，后又有"三通"的呼吁。当时只有善意的愿景和原则，而没有具体推进的操作手册。于是，走私乘虚而入，捷足先登。而人均三分田的严酷现实，逼迫乐清人从土地外找生路，而走私提供了一夜致富的现实可能。当时人苦晕了、穷怕了，纷纷挤进走私队伍，也不知道走私犯不犯法。有钱再说，富起来再说。

当年里隆走私市场，到处响着收录机里邓丽君小姐《路边的野花不要采》的歌声，高低不平的地面上，到处堆放着货物，一条长椅或是几张板凳往地上一摆，便可以做买卖。至于放置货物，有人用米筛，有人用凉席，有人就干脆直接把货往地上一摆，有人拿在手上、背在肩上，或骑自行车吆喝，杂乱无章，各有神通。

摊位上摆着布匹、各式手表（主要是电子表）、收录两用机、录音带、尼龙折伞……这些东西都是到台湾控制的马祖东引岛上，或是台湾船只到了外海，用银圆（也有黄金）换来的。银圆贩子那里的价格是每枚 17 元，一枚银圆却可兑换 1.45 块手表。走私的日本产东方表售价仅为 60 元，性能、外观远优于当时国内最好的卖 120 元的上海牌手表。当时工人月工资 30 元，农民一年种田折成工分只值 160 元。而走私一趟少说也能赚几百块，吸引力多大，诱惑多大！

外地来的银圆贩子敲出叮叮当当的声音，到处人山人海，操着南腔北调讨价还价……蜂拥而至的人潮使当地三产也迅速"繁荣"，只有 300 余户的小村里隆一时间冒出饭摊、旅馆 80 余家，算命、看相、赌博、诈骗等也趁机而起。里隆村有人说："贩私买私的人太多了，路上、道坦里，整个村都是人，筷笼一样。妻子将家里开成小客栈。我让两个儿子在家门口摆茶摊，生意特别好，开水都来不及烧。"

叶旭强他们的阀门厂里，有工人辞职去走私了。邻里亲戚也有人劝叶旭强把资本拿去做走私买卖。兄弟中，也有人踌躇踯躅，不想干阀门了。阀门挣钱太难了。作为家族企业的老大，叶旭强发挥了威力：他坚决反对去走私。谁也不能多说！这里的走私虽然是对外贸渴求、融入世界的反向表达，在政策禁锢尚未打破的背景下，寻求出路的一种冒险。但走私归根结底是逃税，是历朝历代都要打击的。他对两个弟弟说，人有两条腿，是走光明路的；人最重要的是自由，不要走到监狱里去。走私犯法，它绝对是兔子的尾巴，长不了。

不出叶旭强所料，很快，温州和乐清成立了"打私办"。乐清立案审理走私大案要案35起，共490人，逮捕63人，判刑37人。许多人被罚款罚得一无所有……而这三年，"慎江阀门"取得纯利润几百万元。

2019年6月，叶道义先生带我去看里隆。那条买卖走私的主要街道很是狭窄，扁担不能换肩，如同竹竿，叫它"九节街"吧，却又弯弯曲曲。我少年的"九间"邻居金春兰和她的夫婿就死在里隆街道外面的瓯江里。同船的人说，男的手拎一个收录机，女的手里有邓丽君小姐的歌带。她原是温州中学里最漂亮的女孩，被招到杭州文工团，据说不怎么听话，被远远打发到吉林四平部队里去了，她倒是很高兴。慢慢地，她当了连级干部，她的老公是四平籍的营级军官，生了两个子女，非常漂亮。后来夫妇像是走跳棋一般，花了几年时间，总算调动到了温州。男的在温州电厂，女的在温州公安局。俩人和我关系很好。后来，她的爸爸对我说，为了调动，夫妇俩花了一年多的工资。一年多的工资是多少呢？我不知道。我只是有个疑问，她俩都是革命干部，怎么会到里隆买走私货呢，可见"钱魔"作怪得厉害。还喜欢邓丽君，当年那是靡靡之音啊，这是怎么回事呢？真是不幸，为了买一台便宜的收录机，和内地听不到的歌声，在里隆的江面碰了船，丢了命。她少年死了母亲，当年在部队给家里写信，都是我替她父亲回信。我一直叫她姐姐。我一直不知道里隆在哪里，但"里隆"俩字，我一直铭记。

钱啊！

这件事让我唏嘘不已。

我不能不高看叶旭强。

水域广阔，而当年的街道是那么窄小。心想叶旭强不仅有"正心"、走正道，而且很有远见。乐清市的干部对我说，走私活动起伏的同时，乐清民营经济迎来了全国瞩目的第一轮爆发期。柳市白象片、虹桥片的许多人通过低压电器、电子元器件等股份合作经济，先富起来了。如正泰、德力西。同一时期，七里港黄华一带，正在为走私贩私付出沉重的"机会成本"，失去了发展的重要时机。现今七里港的企业，叫响中国，走向世界的，只有"慎江阀门"一家！

哲人说

这个世界上只有一种成功，就是以你自己理性和智慧的方式走下去。

第五节

艰难、坎坷，叶旭强天生不怕苦。『慎江阀门』进入了国营序列那几年，叶旭强亲自闯荡江湖跑业务。跑业务，也是到第一线去观望、调查，掌握第一手资料，才有利于掌握市场，开拓市场。因而跑业务也就是跑市场。他通过关系，得到乐清社队企业局的介绍信。介绍信像是护身符，买车票要拿出来，住旅馆要拿出来，到了订合同的工厂更要拿出来。

当年跑业务，找的都是氮肥厂。氮肥厂就是化肥厂，生产尿素、氨水等，为农业服务。生产化肥过程中有废气、废液、废渣和粉尘等排出，要求增加安全联锁装置、防火防爆措施，所以管道就必不可少。那么有管道，必得有阀门，用来开和关。

资料显示，1985 年，中国共有氮肥厂 1209 个。那几年，为订合同，不远万里，叶旭强跑了很多很多的氮肥厂。比如在湖南，他跑了邵阳地区的武冈氮肥厂、常德市的醴陵氮肥厂、郴州市的郴州氮肥厂、郴州所辖的怀化氮肥厂、安仁氮肥厂……

氮肥厂往往都在远离城镇的山区或农村，走起来是异常艰难的。能够坐上城乡班车，那是幸运，有时能够坐上拖拉机的后斗，也是谢天谢地了，步行也是经常的事情。他一家家登门拜访，开始了一个人的跋涉和探寻。

叶旭强好不容易走到了工厂，找到了工厂供销科，喘定气，把自己的阀门介绍一番，话没说完，对方蹦出俩字：

"不要！"

叶旭强有时一天就走一个工厂，一个工厂给他的就是俩字："不要！"叶旭强真是有气无力。有什么办法呢？没有办法。

有时对方接了香烟，他把自己阀门的种种好处介绍一番。对方这回比较客气，微笑着说：

"我们没有采购计划。"

一句话就被别人打发了，心里很不是滋味。多费口舌，他们就不再理睬，王顾左右而言他了。甚至揶揄一句：

"我们这种阀门也多得很，卖些给你吧，你要吗？"

门难进，脸难看，话难听，事难办，不仅是那个年代国家机关工作人员的通病，有点小小权力的人，也不平等谦和，经常居高临下，模样傲慢，说话很不耐烦。叶旭强不急不躁，不卑不亢。心想你迟早要用我的产品，慢慢来吧。在供销人员看来，上门推销的，好货总不多。再说对温州一个乡镇企业的产品质量，很是怀疑。那个时候的温州，产品的声誉的确不可恭维。当然喽，许多化肥厂有他们自己的供货渠道，这渠道的建立也许很长久了，很坚固了。这些挫折，打不倒性格坚毅的叶旭强，动摇不了他百折不挠的决心。他微笑着，谦言告退。打倒了，动摇了，那就不是叶旭强了。

而叶旭强自己，也改变了策略。他到了某地，先到这些厂的技术设备科，而不是供销科。和技术科的人探讨阀门损坏方面的问题，介绍自己产品的优点。嗨，情况发生变化，果然引起对方的兴趣，不少厂就答应试用。有一次，他到湖南大庸县（今湖南省张家界市）一家氮肥厂，一位技术人员告诉他，他们有一只阀门漏液问题总是解决不了，问叶旭强有没有办法。叶旭强进去一看，这个厂的阀门"跑、冒、滴、漏"不少。一只非标阀门下面，滴漏了一大摊溶液。叶旭强回答说：这是阀门使用不当，管道里的溶液带腐蚀性，而这个阀门是橡胶隔膜的，当然很快就腐蚀坏了。应该采用耐腐蚀的阀门，他可以帮助做一个，解决这个问题。对方立即高兴地答应了。他测量了阀门的长度、口径，一个月后，一只不锈钢非标阀门送到了工厂，很快，漏液问题彻底解决了。随后，大庸县这个厂就订购了六万元的非标阀门。

叶旭强跑业务，一天一个电报打回家，报告所订阀门的规格和数量。一个阀门也要，最小最便宜的阀门是200元一只的，叶旭强也要。先"占地盘"要紧，占了地盘再让人家看质量。人头熟了，质量又好，别人有时就打电报过来了。

叶旭强说，那个时候，经常一天只吃一顿饭。早饭，有的旅馆是有的，但氮肥厂作为化工厂，离城都远，必须清晨出发。清晨出发就哪里都没有饭吃。到了氮肥厂，想到的，要做的，就是推销产品。推销产品要看人脸色、递烟、赔笑。人家到点吃中饭了，照例自己去吃，不会叫叶旭强一起吃饭。有时也叫你同吃，但多数是有修养的人对你客气一下——那时整个社会还属于半饥饿状态，饭馆又少。待到签了合同，乘班车回城，先找邮局打电报，打了电报，才想到吃，才去找吃，天也暗了。

后来，叶旭强经常买点饼干带在身上，这样就好一些了。

有一次，到常德醴陵氮肥厂去推介产品，下了汽车，在满是尘土和牛粪的泥路上步行了三个小时，才找到了工厂。一无所获，返回途中，已感精疲力尽，眼看红日西斜，暮霭沉沉，荒山野岭，空寂无人，只能拼命赶路。饼干早已吃完，腹中饥肠辘辘，身上寒风刺骨，不久天色已黑，只能摸黑夜行，一丝恐慌不禁袭上心头。如果在这荒野里迷路，碰上野兽或歹徒怎么办？又走了多时，幸好一辆载物的拖拉机开来，那时社会风气不错，人多善良，让搭车回到县城，但全城已找不到吃东西的地方，只好忍饥熬过一夜。叶旭强受饥挨饿，那时不是几次或几天的事。

叶旭强说，相比之下，他对住宿还是有要求的，太次的旅馆他是不要的。但那个年代，一些县城，很少有好旅馆。现在的枕巾、被单一人一换，看上去都有折痕，那个时候几乎是不可能的。如果枕头不像油饼，被子不像在腌菜桶里腌过一般，就算不错了。昨天客人的头发和指甲，经常看见。有时早晨起来，大腿到脚跟几处起包起泡，是跳蚤呢还是臭虫？不清楚。各地的跳蚤和臭虫还不一样。还有马桶的问题，还有淋浴器的问题，两天洗不了澡，身上如长了两层皮，头皮更是痒痒难当。

叶旭强说，最要命的还是"行"。比如到湖南，先要早一天从七里港出发到温州城，把到金华的汽车票买好，当天住温州城。如果到金华的汽车票没有了，还得等一天，或者花一样多的钱买"站票"。温州到金华那时6元5角，早上6点开车。250公里左右，顺利的话，下午4点钟到达。汽车走一天，也是经常的事情。公路全是小石子，起伏不平，时见道班工推着石子耙。路道狭窄，两边对开，总要停一停，车速根本快不了。前边有车，灰尘如雾，后边很难看见。路堵是经常的事，前面的大车坏了，停在路中，后面的只有等待。出了事故，要到很远的地方报警，警察接到电话即使及时过来，也得等一二小时，处理完毕都很晚很晚。能够到了金华，买到火车票，真是上天保佑了。当然，火车票绝大多数是站票。你要买坐票，那要提前几天到，那是不可能的。上车前几个小时就不喝水，因为经常没法上厕所，走道里挤满人，人贴着人，像是箸笼。冬天还好，要是夏天，大家满身是汗，满车厢是咸鱼的味道，且比咸鱼难闻。有时车一停，车厢里回荡着从腋窝里、头发里散发出来的臭气，叫人恶心得不得了。人的手臂粘着手臂，异常难受。特别是入夜，人要睡觉，只能站着睡。倘若稍有空间，能够"溜"到别人的座下睡觉，那也是非常的满足。怎么"溜"？叶旭强说，当年身体柔软，双脚先入别人的座下，屁股着地，身子慢慢蜷进，脑袋下枕一张报纸。终于躺下来，觉得通身的舒服和满足。

"溜"入别人座下睡觉的机会总是难求，多数时候总是站着。长时间站着，可不是好站的，叶旭强双脚疼痛，双腿麻木，腰酸背痛，脑袋空白。到了县城，宾馆住下，第一个就是洗身体。头部是重点，因为路上的泥土和汗水早已板结"结盟"，动一角而牵全发，像是假帽子糊黏在了头上。叶旭强慢慢把头洗干净，把身体洗干净，躺在床上，啊，只觉莫大的幸福！

但"幸福"稍纵即逝，因为他躺下只有几秒钟就睡着了，他太累了。

20世纪80年代，通常一个月出差两次。时间充裕的话，叶旭强便绕道北上，先到上海。这种走法虽然曲折，但比较舒适。温州到上海是轮船，原先叫"民主"，后来改为"工农兵18"。还有四艘客船：长自、长力、长更、长生。都是大客船，水下两层，水上三层。温州到上海，海上要走一天多。上海到湖南的火车，就可以买到坐票了，但费用贵，又费时间，叶旭强很少这么走。

有一次，叶旭强和现今的总经理叶浩东一起出差，到湖南大庸氮肥厂。那里穷乡僻壤，没有班车客车，只有"腾腾腾腾"很响的拖拉机。他们俩等了好久，好不容易挤上一辆拖拉机的拖斗里，满满一拖斗的人。山路崎岖，蛇形蜿蜒。叶旭强、叶浩东站在后边。上山坡时，忽然拖拉机头一翘，前面的人压在后面的人身上。天哪！叶旭强心想不好，觉得大难临头，好在拖拉机没倒翻，头又下地。拖拉机手叫人先下地，拖拉机走完陡峭路，大家才进拖斗。车祸终没发生，但已叫人魂飞魄散。

后来，"慎江阀门"厂技术提高了，机器买了精良的，阀门也做得精良了，体量也做大个了，叶旭强跑上海、北京、河北等地就多一些了。

总经理叶浩东同我说，有一回两个人出差河北沧州。那里有一家大型化工厂。订了合同，请对方吃饭，这是潜规则，更是乙方的报答。对方欣然前往。叶浩东不会喝酒，而北方人豪爽善饮，很会喝酒。叶旭强很高兴，表现得很热情。客人好几位，当年喝酒不像现在，客主两便，那时都是你敬我我敬你，一人有时都要先敬三杯，一桌人觥筹交错，这样下来，叶旭强很快喝个泥醉。叶浩东说，回到旅馆床上，叶旭强衣服没脱就睡着了。这还没事，可是很快就呕吐了，叶浩东拿着脸盘去接，叶旭强头往里，叶浩东的脸盘也往里，叶旭强的头往外，叶浩东的脸盘也往外。另一只手还要挽着叶旭强的脖子，把头抬高。两个人都没有睡好。第二天，叶旭强躺在床上，还是一段麻绳一样，非常难受。

那时，叶旭强为全家人的生存而战，风雨岁月，受到的委屈和苦难，根本不在话下。叶旭强说，有时为了订单，肚子在疼，他咬开针剂庆大霉素喝下，与人应酬！

叶旭强记得，当年上海有几个地方是重要的阀门市场。如果攻克，阀门销量将很大。比如上海机电公司（在江西路、福建路交叉口）、上海"东海水暖"（在北京路）、上海建筑机电公司（在南京路、西藏路交叉口）。叶旭强递烟，套近乎，他们不怎么搭理。那个时候，上海人有一种高高在上的优越感，动辄"阿拉上海人"，对温州人更是不屑。他们经营的阀门都是国营企业生产的，不用私企的。他们认为"温州人头发空心"，做企业肯定是不行的，阀门更是做不好。这种歧视是根深蒂固的,一时难以改变。

一天,叶旭强拿出一包虾米,说是温州土特产,给对方尝尝,不料对方抓起来就丢出门外。做人连起码的礼貌都不顾,真是让叶旭强伤透了心。后来慢慢客气起来,渐渐接近,也是逐渐渗透,说到底,还是阀门的质量之力,质量之功。这和到湖南、江西跑业务是一样的。

计划经济下,国营公司是不用私企的。现在他们打开一条缝,容纳了"慎江阀门"了。"慎江阀门"的产品可以摆放在上海机电公司、上海东海水暖机电公司和上海建筑机电公司,算是中国第一个阀门私企进入了国营序列了。

叶旭强说,在上海订了合同,心情一片蔚蓝,上海合同的数额和金额都比较大。回旅馆时,招手坐出租车,出租车嘎的一声停在身旁,那时许多人都用艳羡的眼光看他。对比原来到湖南小县的行走,今天坐上出租车,"其喜洋洋者矣"。

哲人说

人生就像四季开放的花,有的在春天开放,而有的却开放在冬天。

第六节

积土成山，风雨兴焉；『质量』所至，金石为开。

『慎江阀门』率先进入国企

是的，上海是全国经济中心，是工业产品角逐的竞技场。产品能竞逐上海，就庶几打进了全国市场。"慎江阀门"在上海市场的大风大浪中经受考验，才能得到更大的发展。叶旭强决心要大幅度打开上海阀门市场。1990年初，经人介绍，叶旭强拜访了上海一家大机械公司的销售科，受到热情接待。当他提出洽谈代销阀门的问题时，对方沉吟一下，面有难色，说：

"我直言相告，我们这里批销给下层单位的，都是国营大厂的产品，温州有些产品声誉不太好，你们的质量究竟怎样，我们也吃不准。再说，我们批销的产品中突然出现温州乡村企业的产品，人家马上会想到我是不是拿了别人的回扣。阀门不是一般的消费品，一出问题就是大问题。"

对方的话在理，也是叶旭强料到的。叶旭强坦诚告诉他：

"我们不是唯利是图的皮包公司，我们是创事业、赢口碑的、实实在在的阀门厂。现在上海市场上不少阀门缺货，大厂不做，我们小厂可以做，这样我们双方都能受益。"

这回，对方觉得叶旭强说得在理。当然，对方要看看，你叶旭强说的是真是假。不久，这家公司派专人到了乐清，考察"慎江阀门"的机械设备和技术力量。结果是非常满意。当看到上海良工阀门厂的叶林根大师傅在"慎江阀门"，有叶林根把关，他们才完全放下心来。第一批是给他们试制市场上紧缺的 H42H-25 立式止回阀。试制成功，经测试全部合格。其中使用寿命，"部标"为 3000 次，"慎江阀门"可以达到 1.1 万次。后来又试制楔式闸阀和法兰截止阀，销售出去后，用户反应良好。

接着，"慎江阀门"又和其他机械公司订立了经销合同。金山石化、吴泾化工氯碱总厂等许多大厂也前来订货。许多市场上紧缺的不同规格的截止阀、闸阀、球阀源源出厂，供应上海市场。叶旭强忙于洽谈，忙于和叶林根师傅研究解决技术问题，抓好质量。上下全力以赴，尽量缩短生产周期。随着业务的发展，"慎江阀门"在上海设立了仓库和办事处，由赵定保和上海阀门厂的金福德两位熟悉业务的老师傅负责洽谈业务、采购材料零件和供货等工作。叶旭强自己抽身出来，用较多时间从事阀门研究。

一般地说，上海以及全国各地许多大工厂的"成套设备"，都是从国外进口的。这些设备上的阀门，损坏后都向原供应设备的国外公司订购。但问题来了，由于订购时间长，常常供应不上，影响工厂生产。这些不同国家、不同公司五花八门的阀门，规格各异，国产阀门不能代替，也属非标阀门的范畴。那么，机会来了，有些厂就把规格交给"慎江阀门"，要求"慎江阀门"试制。叶旭强非常高兴，对自己，也对本厂技术人员说：把我们的力，把我们的技术全部使出来！努力又努力，新阀门陆续研制成功了。这些阀门与进口设备上的阀门，长度口径完全吻合，而内部结构采用了"慎江阀门"自己的新工艺，密封度好而价格却大大低于进口阀门。这是买家完全想不到的。这种阀门不但在国内受欢迎，还受到海外用户的青睐。当年走到这一步，已是非常不易。

这是 20 世纪 80 年代后期的事。

是的，当年"慎江阀门"，作为民营私企，业绩不大，技术和资金能力有限，产品也不特别优异。开初被人瞧不起，非常好理解。别人用的多是进口阀门。但叶旭强有信心，有耐心，他有时把阀门样品放在用户厂家那里，供人家及时取用。用了，哟，觉得好，这就盯上叶旭强的阀门了。之所以盯上，就是东西好，价格便宜。久而久之，慢慢地，"慎江阀门"被信任，慢慢成为合作伙伴。与中国石化北京设计院打交道，也是这样的。他们制造化工、炼油、乙烯，都需要阀门。叶旭强慢慢让他们接受，一旦用上了"慎江阀门"，质量很好，相比国外的价格，他们当然乐意用叶旭强的。

有了声誉，上海阀门二厂找到叶旭强，让"慎江阀门"和他们合作。一时做不出的阀门，让叶旭强去做。他们订立合同，"慎江阀门"出厂的产品，贴上海阀门二厂的商标。上海阀门二厂借鸡生蛋，叶旭强同意，在那时还有一些些得意。

叶旭强记得，当年出运上海等处的阀门，许多产品很重。那时金丝河村像是孤岛，开不进大车，几乎全村的人都来帮忙。"嗨哟嗨！嗨哟嗨！"滑轮起吊，先把那么重的家伙运到船上，船运到车路处埠头处泊下，又滑轮起吊，慢慢地把大家伙移出船舱。卡车上已经安好结实的开口木箱，阀门落在木箱里，牢牢绑紧，盖上盖子，钉紧。偶尔运输也出意外，即耽误了交货。因为旅途遥远，路上抛锚，或是路阻，耽搁了时间，那就是失信。上海上家骂起人来一套一套的，叶旭强一边心里沉痛自责，一边忙不迭地检讨道歉。叶旭强说，那时的人良心好，骂归骂，处罚却没有。

在上海江西路、福建路交叉口的上海机电设备公司，在八九十年代是上海机电产品供应市场最大的公司，所属机械配件分公司（机配站）是阀门销售的专业部门。叶旭强能与她携手，靠的就是坚韧和自信，靠的就是自己的"内功"。有一天，上海金山石化因为设备更新，来到上海机电公司，打算采购几台非标阀门。半个月的交货要求，没有一家国有阀门厂想接。叶旭强却答应了下来："5天交货。"这一单，为"慎江阀门"顺利挤开了进央企配套产品采购名单的缝隙。"慎江阀门"紧紧抓住上海机电设备公司，与之良好互动，立足上海，扩大知名度，产品销往全国，壮大了企业发展。

这是叶旭强下出的一步大棋，"慎江阀门"有了较大影响。1991年，"慎江阀门"大量产品正式顺利进入上海"金山石化"。金山石化现在叫上海石油化工股份有限公司，是中国用到阀门最多的化工单位之一。"金山石化"把进口阀门的样品，以及文字资料和其他信息交给叶旭强，让他带回"慎江"。他们需要这样的阀门。叶旭强极其兴奋，这是"金山石化"对他的信任。他如获至宝，回来"解剖"研究，很快做出一模一样的阀门。在当时，"金山石化"是"慎江阀门"销售最多的单位，是叶旭强的大本营。

中国成达工程公司（原化工部第八设计院，化工部撤销时成立）属地成都，80年代就跨出国门，在国外第一个总承包印尼 KSB 合成氨项目。他们后来找到叶旭强，用上较多的"慎江阀门"。

天津航天试验中心也用上"慎江阀门"。

"慎江"不择细流。在自己家乡乐清这一边，有一家单位——乐清自动仪表三厂，他们能够生产气动阀门，不会生别的阀门。他们需要相配的液压油动阀门等只能从上海采购，上海又是外国进口的。后来"慎江阀门"也生产大口径阀，能力和质量都上来了，乐清自动仪表三厂和"慎江阀门"合作很好，也很长久。

总经理叶浩东说："打入上海阀门市场，是'慎江阀门'发展的关键。这正是国家从计划经济转向市场经济的美好时刻。也就是说，这是改革开放带来的成果。"

1992年，"慎江阀门"能做精密铸造，能做美标APR阀门。所谓做精密铸造，就是自做阀体，是做阀门的前一道工序。当时年产值已达5000万元人民币。也就是这一年，"慎江阀门"成为中国石化资源市场成员单位。当时中石化、中石油，阀门供应商只有21家，而这21家都是国营企业，现在阀门供应商变为22家。

"慎江阀门"成了中国第一家进入国企的民营企业。进入国企，对于"慎江阀门"来说，具有里程碑的意义。

1993年春，乐清撤县改市，在交通方便的柳黄公路旁，在麦苗翠绿、金黄的油菜花飘香时，乐清市慎江阀门厂有了一个像样的工厂了。占地面积5000多平方米，俗称"七亩半"。这是慎江工业区给的地。当年就是七里港（其时叫慎江）最大的企业了。厂房中，设备完善的铸钢车间已点火烘炉，大金工车间、理化测试室、办公室……都装备完毕。14年前，两台机床起家，现在是设备先进而又齐全、具有一定规模的阀门专业厂，名扬全国。叶旭强获得了温

第一部分

纵叙：从路漫漫今修远，至『空中闻天鸡』

州市优秀厂长的称号。"慎江阀门"被推荐为上海华东阀门联营单位，这在全国阀门民企里，绝无仅有。

秋高稻熟的一天，叶旭强接到一个电话，是"中石化"打来的。问"慎江阀门"愿不愿意承办中国石化阀门订货会。一个激灵，全身通电，这是求之不得的好事大事，还有什么"愿意不愿意"！他当即表示热烈欢迎，并指定在风景秀丽的雁荡山召开，一切接待、一切费用都由"慎江阀门"承担。

很快，出席会议的名单传来了，全国有 200 家阀门用户与会。兴奋过去了，现在是考虑接待问题了。接待还真是个问题，真有困难。因为与会人来自四面八方，远近不同，海陆空不同。那时温州机场虽然已经通航，但都是小型飞机，如原苏联制造的图 154。金温铁路还在凿山铺路之中，更不说高铁了。上海到温州、厦门到温州的大客船是有的，浙江毗邻江苏、安徽、江西、福建地区坐汽车来的都有。许多客人坐火车只能在金华下站，辗转乘汽车来到温州雁荡山。

叶旭强组织了接待班子，他自己亲自担任组长。要求细致周到，万无一失，收到宾至如归之效。

"慎江阀门"和每个与会人员联系，了解他们的航班、车次，抵达温州或乐清的时间或地点。中国的交通，每每延误，而有的客人也不知道自己是在温州哪个车站下车的，叶旭强都做了预案。对于中石化总部的领导，叶旭强和叶浩东到机场迎接，其他时间都在雁荡山迎接。当年瓯江里只有一座瓯江大桥，后来的温州大桥、东瓯大桥、瓯越大桥或在设想里，或没有设想。而瓯江大桥在温州城很远的西边，全程走公路要穿过温州城、走一个马蹄形线路，要多花近两个来小时。于是东边（比如机场）接客，只好在温州城东一个叫白楼下的渡口下车过渡，对岸是乐清的磐石镇，轿车接过来，到雁荡山去。

除了自己和厂里的车，叶旭强还租了好多辆崭新的轿车，在轮船码头、各个车站举牌接客。

参加接待的叶浩东说，会址在雁荡山的雁荡山庄（现在没有了），雁荡山庄住不下那么多人，一部分客人住宿在不远的、当时温州市公安局办的芙蓉宾馆。雁荡山雄壮奇丽，看山不爬山，看山吃海鲜。雁荡山紧邻东海，海鲜应有尽有，外地客人啧啧称羡。而接待的用酒主要是乐清酒厂生产的陈年老酒汗，60多度，早已发黄，醇厚而后劲足，真是"赛茅台"。叶旭强还把自己家酿造的几坛杨梅酒运过来，让客人各取所需。客人，特别是北方的客人非常满意。

"慎江阀门"成为行业内第一个举办这种大型会议的民营企业，也是当时唯一一家与会的民营企业。

会议气氛热烈。叶旭强作为东道主，当然要讲话。表示欢迎之外，当然还要说说"慎江阀门"之"美"。我问叶旭强准备了多少时间，讲得怎么样。他说自己虽然也是个阀门专家，一厂之长，但毕竟钻研的是阀门理工，文科文化不高，准备时间的确很长，自己觉得说得一般般，别人却说说得好。叶旭强说，记得乐清市委常委、常务副市长夏尔富讲了话。中石化一个局长也讲了话。

这里还要说明一下的，在此会前一天，中国阀门标准化会议在温州饭店召开。这是另外一个会议，到会的都是阀门专家。会议结束，许多专家移师雁荡，参加阀门订货会。当时订货会上摆着"慎江阀门"的铸件阀体和阀门成品。专家看了后，不认为这些产品是温州做的。与会的人也以为是进口产品，搬来放在这里，做做样子。于是，会议延长半天，实地参观"慎江阀门"。叶旭强表示热烈欢迎。

离开"海上名山"，几辆大巴拉着200多人，参观"七亩半"，考察了"慎江阀门"。看现场产品，有的阀门精密、精巧又精深，叶旭强就把生产这些产品的机器指给他们看，意为这个鸡蛋是这个母鸡生的，那个鸡蛋是那个母鸡生的。"母鸡"非常先进，有的当时国营阀门企业都没有。叶旭强又把技术人员叫来，介绍怎么一刀一刀地做。与会者这才心服口服，竖起大拇指。中石化物资装备公司工程师和多个设计院专家说：

"作为个体私营企业，'慎江阀门'麻雀虽小，五脏俱全，质量能够保证。"

质量摆在那里，用了都说好。民营企业，厂子不大，反而受人尊敬。这和社会进步有关，和改革开放后人们思想开始变化有关。

在这次订货会上，"慎江阀门"被"中石化"定为市场支援单位。这在阀门民企中，没有先例。

在这次订货会上，"慎江阀门"签下好多合同。

典型的是"安庆石化"，他们的代表叫吕忠华，在订货会上，一种阀门就订了100个。这是订货会上最为大宗的订单。安庆石化在安徽省安庆市西北郊，长江中下游北岸，占地面积7万平方米。始建于1974年，前身为安徽炼油厂，1983年，划归中国石油化工总公司，改称中国石油化工总公司安庆石油化工总厂，现在更名为中国石化安庆石油化工总厂。安庆石化和"慎江阀门"长期合作，直到今天。

哲人说

用自己拼来的可能，回敬所有人说的不可能。

第七节

骨灰与郁金香。『慎江阀门』成为国内业界第一家取得 API 认证的民企时间在流淌。有一天，叶旭强要到上海去，机票已经买好。接到一个电话，有人向他通报一件事情。这件事与他到上海无关，与"慎江阀门"也无关。

前文说过，国民党统治时候，乐清"西乡"一带有"郑辉部队"，大约是地方保安部队。郑辉是司令，叔叔叶明框为副司令。郑辉先撤至台湾，留下叶明框在洞头指挥。后溃败，叶明框在山洞中被烟熏出来，被枪决，而他的妻子和他唯一的女儿叶梦兰，已经南撤台湾。郑辉当时有没有妻子不得而知，而后来，郑辉娶了叶明框的妻子，也就是叶旭强的婶婶。郑辉和婶婶生了两个儿子。

明明知道国民党大势已去，郑辉却要留下叶明框，自己带走叶明框的妻子，是不是有不可告人的"盘算"，无考，已经不得而知，前文已经说过，蹊跷是谜。而大陆台湾通航后，郑辉的儿子几次来过七里港，找到叶旭强，带来堂姐叶梦兰的问候。郑辉也是边上柳市象阳人，郑辉的亲属，后来日子难过，现在都是老实巴交的农民。儿子过来，只有叶旭强接待。

郑辉死了。郑辉生前交代，自己死后叶落归根，希望葬在家乡。现在，他的儿子在机场，向他的堂叔求告，盼能来人来车接一下骨灰。他的堂叔表示没有能力。无奈，儿子只好打电话给叶旭强。儿子是有顾虑的，从前他自己来，他毕竟是叶梦兰同母异父的弟弟，可以找叶旭强帮忙，而现在送父亲的骨灰来，情形就不同了。

果然，很快，叶旭强家里的老人和弟弟们知道了，族室里的人也知道了。他们认为郑辉当年行为蹊跷，绝不是一个厚道人。他们认为叶旭强去接别人可以，唯独不能用车去接郑辉，你只管到上海办事去。一个厂长，到上海办事，机票都买了，理由充足。可叶旭强不这么认为。叔叔叶明框之死，是那个年代的事情，是时代之殇，算账算在哪个人头上都不妥当。没有确切的证据，我们不能以最坏的恶意去推测别人。即使郑辉往昔有不厚道之处，他也已经死了。他毕竟是堂姐叶梦兰的继父。况且一个人死前希望埋在故土，叶落归根，作为他的乡人，我们只有迎接，不能拒绝。

叶旭强开着崭新的桑塔纳，来到机场，把郑辉的骨灰接过来了。人家千恩万谢。叶旭强说：

"我没有多做什么，这是应该的。"

当年飞机票没有改签，只有作废。第二天，叶旭强再买飞机票，才飞到了上海办事。

不久，荷兰有个国际阀门展，"慎江阀门"应邀出席。他们把阀门展品和资料画页先行运到荷兰指定的地方，叶旭强才准备出国。叶旭强通过熟人，物色了一名翻译，上海人。时间、机票都订好了。叶旭强和翻译到了机场，在出关时，海关工作人员说，翻译不能出去，他被边控了。说这个人出去是不会回来的。叶旭强怎么也不相信，他和翻译对机场怎么说都是白费口舌。叶旭强急得满头是汗。

怎么办呢？自己连普通话都是说"温普"，一出国门，什么话都听不懂，自己讲给别人什么话，别人也一句不懂。走，还是不走？犹豫间，脑里闪出一句古话：天无绝人之路。

走！

上了飞机，心里还是忐忑不安。飞机是先飞巴黎，然后转机荷兰的。他赶忙把自己的翻译被边控的事情，向邻座说了。邻座是到法国的，但他认为叶旭强不用太担心，问问飞机上到荷兰的华人看。飞机上的华人都很好，都替叶旭强想办法。几个到荷兰的华人能简单说几句英语，像阀门这些专用术语，就没法说了。但他们说，阿姆斯特丹有各种介绍所，招聘一个翻译应该没有问题。

叶旭强在飞机上几个小时，别人睡着了，他睡不着。一般说来，叶旭强上了汽车、火车或飞机，很快睡去，这回怎么也睡不着。叶旭强无意识地面朝窗外，窗外白云朵朵，金光万道。忽然，一个念头从叶旭强的头脑里闪了出来：他在台湾的堂姐叶梦兰读过台湾大学，应该能说英语，到荷兰后，叫她过来！

叶旭强这才睡着了。

到了荷兰，和几个华侨一起，汽车向阿姆斯特丹奔去。荷兰的农村，特别地漂亮。最触目的是郁金香。金色的郁金香、黄色的郁金香、黑色的郁金香一垄垄像水彩画，向天际涂抹过去。但，叶旭强无意于风景，山水对他是个盲区。他终于到了这次世界阀门展所在地。

他想起台湾的堂姐叶梦兰。但，台湾的电话号码不在身上，而在家里。他给家里打电话，让家里人给台湾打电话。台湾婶婶接到电话，非常高兴，派出了英语最"溜"的小儿子，也就是郑辉的儿子，立刻启程荷兰。

世事冥冥之中有等待，有牵连。

翻译的问题总算顺利解决了。

可是，自己的展区内，阀门样品在，资料画页被人拿走不少。工作人员说，已经有人光临展区，可能是他们拿走的，而剩下的又很快已经不多了。急坏了，叶旭强想，这些抢资料的是不是国际同行呢。如果是同行而不是客户，这怎么是好？叶旭强很是不安。幸亏婶婶的儿子已经到了，和展区负责人交流，反馈说外国人比较文明，一般不会胡乱拿东西，一定是感兴趣的需要阀门的厂家拿走的。

后来多天，客人来咨询，都是通过婶婶的儿子来翻译沟通，一切顺顺当当。

阀门展结束，和婶婶的儿子分手，叶旭强飞回上海，飞回温州。当他回到"慎江阀门"的时候，奇迹发生，国外用户的询价单早已雪花一般飞到厂里。他第一次发现在国外展览的重要性和自己产品的受人欢迎程度。

那一年，订单很多，成交不少，成果不小。特别是"慎江阀门"和国外联系紧了。

叶旭强从来不放过任何一个发展机会。

紧接着，中石化在非洲的苏丹，投资建设炼油厂。叶旭强意识到，这一单将是公司打开非洲市场的敲门砖。可这块敲门砖，不是民企轻易能拿得动的。中石化规定，为苏丹炼油厂配套的阀门，必须先取得美国石油学会（API）的认证，才被准许进入。当时，国内没有任何一家民营阀门企业，曾拿到过这个认证。再一测算，除了技术难题，光开发生产阀门的新模具，加上另造生产线，就要花掉上百万元。这足以抵消利润，还有可能是负利润，让这一单变成不赚钱的鸡肋。

罗素是这样教导人的：不要把心中的视野仅仅局限于当前的利益。叶旭强没有受过这样的教导。但他明确地说：

"亏本也要做。"

叶旭强的态度非常明确。为了拿下 API 认证，除了购买先进设备，招聘增加技术力量，经常到了晚上饭点，叶旭强还在和公司技术人员开会，或者边吃饭边开会，讨论怎么改进生产技术。

别出心裁，叶旭强从国有工矿请来老专家，站在客户角度分析产品，指出问题。这是叶旭强不同于一般人的地方。这一招数特别地好，一般人都想不到这一招。他又和沈阳飞机制造公司合作，把耐磨、耐高温低温、耐腐蚀作为技术攻关重点，开发生产出了适应极端环境下使用的阀门。

终于，天道酬勤，天道酬"智"，1998年，"慎江阀门"成为国内业界第一家取得 API 认证的民企！

并且，先于国有企业，叶旭强个人自创一种新型阀门，不仅适用于炼油催化，还能将同类产品以月计算的使用寿命，提高至半年到一年。由此，公司拿下中石化苏丹炼油厂的配套订单。

这为"慎江阀门"找到了自身定位：瞄准能源领域，研发生产大口径、适用于高压力、高温、低温等极端环境，以及特殊材料制成的阀门。比如，该公司制造的一款阀门，最低能承受零下 196 摄氏度的低温；最重的一台阀门有98 吨。它要拆开来，一个个部件运到使用现场再完成组装。

总经理叶浩东说：

20 世纪末，21 世纪初，为了适应市场，叶旭强买了很多先进设备。"2003 年，给我印象最深的是一台德国产的光谱仪。那是中国最大的合资化工企业，主要是生产乙烯产品的，是上海的'赛科'公司，它是中国石化和世界著名的英国 BP 公司合资的企业。'赛科'向生产厂家提供的阀门成品，质量要求极其严格，对阀体铸件及重要零部件都要先行提供钢体的化学成分（PMI）复检报告。他们的意思是，原材料的化学成分不合格，做出的阀门肯定不合格。而且明确说，手工检验的不行，必须要德国的 PMT-MSA-STER PLUS 光谱仪。叶旭强觉得有钱能买到就行，'慎江阀门'的检测水平也能上一个台阶，这是机遇。那时上海还没有这种设备，国内国营同行基本上也没有。叶旭强马上派人到德国去买来。买来的光谱仪一点钢体，化学成分的数据马上出来。我们不折不扣按照'赛科'公司的要求去做，他们很满意。同时'慎江阀门'出具的 PMI 报告也为温州的同行解决了材料报告问题。我们所提供的产品与服务得到'赛科'的认可，被他们的项目部评为唯一的阀门优秀供应商。他们给我们发了证书，证书现在还在。他们称给供应商发证书，这是独一无二的。我们多年和'赛科'合作，双方都很愉快。所以说，这台光谱仪非常亮丽，对'慎江阀门'有着光辉的意义。虽然 2008 年又买了一台美国的 INNOV-S 光谱仪，更加先进，但我的记忆里还没有 2003 年的那一台重要，因此给我留下的印象特别深刻。"

"慎江阀门"自练"内功"，"慎江阀门"成功中标中石化、中石油等央企的国际油气开采炼化工程。"慎江阀门"进入伊拉克、哈萨克斯坦、俄罗斯、泰国、马来西亚等"一带一路"共建国家，以及美国、南美洲、非洲等国际市场。

再说非洲的另一国家尼日利亚。中石油曾为该国建设炼油厂，"慎江阀门"为该项目提供过配套产品。后来，尼日利亚打算自建炼油厂。出于对"慎江阀门"产品的认可，该国建设方主动找上门来，商谈为其提供配套阀门。这，为"慎江阀门"带来两亿元的订单！

有了自主出口订单，售后服务又成为瓶颈。哈萨克斯坦的阿特劳炼油厂第三期工程，使用"慎江阀门"的产品。次年，哈方客户反映，一台阀门在使用中发现密封不严，需要维修。这个本来常见的售后要求，却难住了"慎江阀门"。因为阀门经过长途运输，可能会出现这类问题，只需现场调整就能解决。但产品安装后，调试完毕，公司技术人员已经全部回国，再派那么多人拿到出国签证前去维修，其中花费的时间、财力成本太高。叶旭强拍板决定，服务要紧，口碑第一，很快，公司一台崭新的阀门，发往哈萨克斯坦。叶旭强认为，千万不要糊弄任何人，一定要使用户满意，信誉第一，用户第一，失之东隅，收之桑榆。

这件事，让叶旭强意识到，要持续开拓国际市场，必须降低售后服务成本。此后，"慎江阀门"在有稳定自主出口业务的地区，如印度、印度尼西亚等地，设立区域服务中心。还到俄罗斯、伊朗设立"慎江阀门"分公司。

叶旭强对我说：

"阀门的钱很难赚。我赚的是一种成就感。"

哲人说

人们总说时间可以改变很多事，但事实上必须由你自己做出那些改变。

第一部分

纵叙：从『路漫漫兮修远』，至『空中闻天鸡』

第八节

京华冷暖。三个会议。『慎江』能做核电阀门，产品『以国代进』。叶旭强当选中国阀门协会副理事长三弟叶旭博、四弟叶旭海和叶旭强一样，血液里流淌着他们叶家勤劳耐苦而又聪敏智慧的血液。多少年来，叶旭强和弟弟一起，含辛茹苦，栉风沐雨，日夜苦拼，至2003年，又建立一个厂房。新厂房13000多平方米，号称"19亩半"。

叶旭强不是个目光短浅、杀鸡取蛋之辈。所谓"志在顶峰的人，绝不会因留恋山腰的奇花异草而停止攀登的步伐"。钱是积累多了，但是投入更大。或者说，就是左手积累，右手投入。而且，投入总是比积累更大，那么，资金永远不够，永远和银行打交道。周而复始。这大约就是执着的、民营制造业的宿命。

2004年深秋，国家发改委能源司（后来改为能源局）派人到全国优秀阀门企业进行考察。他们将要召开一个电力阀门国产化座谈会，他们先要考察优秀阀门企业的真正实力。到"慎江阀门"考察时，非常仔细，非常严格，待了好几天。叶旭强不知道他们考察的目的是什么。当时"慎江阀门"规模还不大，产品也不是太高端，年产值也没有超一亿元人民币。但是他们接触了叶旭强这个人，考察了叶旭强这个人，觉得这个人不一般，这个人了不起。他站得很高。他不只是一个工程师，还是一个真正做事情的人，能够做大事情的人。当时有些阀门厂把产品做出来了，卖给福建、江苏或者别的地方，钱拿来就好了。他们考察的结果，是"慎江阀门"行，特别是叶旭强这个人行。于是让"慎江"参加会议。换句话说，"慎江阀门"能参加中国电力阀门国产化座谈会，也是叶旭强人格和人品起的作用。

事情的原委是这样的：当年我们许多东西都依赖进口，不仅是阀门，天然气、输油管道、火力发电设备……都是进口。国务院总理温家宝接到一封信。信上反映了一个情况，就是中国阀门企业能够制造核电阀门，中国央企、国企所用阀门，不需进口。温家宝把此信批复给了发改委，要求调研。他的倾向性是明了的，希望走"以国代进"的路。因为阀门依赖进口，标准被人家压在那里，技术被人家压在那里，质量被人家压在那里，价格被人家压在那里，到了他国人员来安装、维修、替换，还是被人家压在那里。年复一年的外汇资金流失之大，是难以想象的。发改委接到总理的信后，又把信件批发给能源司，让能源司去调研，去解决。寻找进口阀门国产化的替代加工的企业，考察中国究竟有几个工厂能搞核电阀门的。就这样，他们才到了"慎江阀门"。

但是，当时发改委能源司是个很复杂的单位，清流和浊水并存。有的人就喜欢进口，进口不仅一次又一次出走外国，而且主要的，是可以捞取好处。后来消息证实，被查处、被公开的发改委和旗下能源局的腐败，是触目惊心的。

2005年1月，叶旭强和王碎青两个人出席会议。王碎青，是公司的副总经理。退休前是某县的宣传部副部长兼文明办主任。他2003年5月来到"慎江阀门"，时任董事长助理。后来主管行政人事、项目建设和对外联络等。经近一年的磨合适应，帮助叶旭强理顺了公司内部各个方面的人事行政，和生产技术质保等多项工作。2014年2月，他称年岁大了，修身养性，离开了"慎江"。

王碎青先生睿智通达，精干精明，说话言简意赅，很有条理，可谓出口成章。他说：董事长非常重视这个会议，说会议是国家发改委发的通知，国家重视我们"慎江阀门"，而我们就应该把"慎江阀门"做得更好，牌子举得更高。而现在，当务之急就是把会开好。

会议要求每家企业都要讲话。叶旭强认真做了发言准备。不仅如此，为了发言，叶旭强和王碎青先行跑到上海，找到中国阀门大专家、上海汽轮机厂的一个总工程师，他也是叶旭强的多年好友。叶旭强曾经多次向他请教。今天找他，是就讲话稿征求意见。王碎青说：

"我们把他请到宾馆里来。叶董拿出在温州准备好的发言稿和他探讨，让他指正。总工程师非常热情，他本来就知道这个事情，提了许多意见，别开生面。送走'总工'之后，在宾馆里，我们俩非常兴奋，觉得到北京能打一场有把握之战。那一夜太兴奋了，太激动了，那一夜，董事长和我竟然都没有睡好。可谓一夜无眠。"

王碎青说：

次日抵京。朔风刮起地上积雪，拍打着穿着厚衣的人们。叶旭强并不觉得一丝寒冷。他俩到了指定的地方，指定的会议室。会议室不大，也就坐二十多个人的样子。全国只有十来家阀门企业被通知与会。主持会议的是两个人，一个是国家机械工业联合会的会长隋永滨，原来是国家机械工业部的一个司长，后来是国务院副总理曾培炎的顾问；一个是女的，国家能源司的副司长黄鹂。这两个人很不错。但是，国家机械工业联合会毕竟是社会群团组织，不是行政单位，他压不住发改委管阀门的其他人。黄鹂是个好干部，她主要是听听、记记。黄鹂后来也跟"慎江阀门"打交道，公事公办，有很多的良性互动。

参加会议的其他官员就不一样了，非常傲慢。叶旭强和王碎青觉得气氛很是不对。这些人像是有考官的架势。面对在座的企业家，居高临下，气势凌人。根本不把大家放在眼里，正眼都不看别人。有时拍桌子，显得很凶。其实是刁难，让大家自行退缩。

看模样就不对。叶旭强和王碎青挨在一起，小心翼翼。但心想必须发言，不能不发言，不能放过任何一个机会。先听着吧。前面几个人发言了。发言的几个人，都是阀门"总工"，很有准备，带着电脑过来发言。但是，高高在上的几个官员就是不让你好好说话。

随即，发言被变成接受考试，接受质问，接受"敲打"。

王碎青说：

"他们敲着桌子，说：你们不是写信给总理了吗？你们能做替代进口产品吗？谁会做？你自己会做吗？你怎么做的？你有百分之百的把握吗？……他们一言以蔽之，国内的技术根本不行。这几个人过来根本不是平心静气听取'座谈'的，说穿了，就是搅局。他们是和一些不良的高干子弟搅在一起。他们底气很足。"

前面的发言者和发改委的人吵起来了。

隋永滨和黄鹂很冷静，只是听，记笔记。好像会议的展开和结果在他们的意料之中。

会议开不下去了。

散会。不欢而散。这让叶旭强和王碎青多多少少领略了一丝京华烟云。

叶旭强没有发言，似乎感觉有些落寞。在回温州的路上，心情不免有些低沉，觉得气堵。他是阀门专家，平时很多时间埋头研究技术，会议上发生的一幕幕，使他隔膜，也给他小小的吃惊：北京怎么会发生这等事情。。

但是，春暖来得很快，正气终于压倒邪气。国务院温家宝总理的决心很大。国产替代进口，是一种趋势。天然气输油管道，中国火力发电厂这么多，阀门都要进口的，这还了得。不仅民族工业上不去，而且造成外汇的大量流失，问题将非常严重。国务院的意思是，不仅电力阀门、核电阀门，进口的产品都要逐步实行国产化。这是一种必然趋势，这条路必须要走。

当时的会议没有结局，但相信有正直的同志向上做了汇报。因为后来，国家发改委，特别是机械工业联合会派人下来了。他们在全国考察，筛选优秀企业，来定点，发展核电阀门国产化企业。"慎江阀门"是那次会议的参会者，他们又来慎江认真考察，结果被看中了，便是接受培训、培养的国内骨干企业。

后来，叶旭强购买尖端设备，技术人员经过严格的培训，"慎江阀门"取得了核电阀门设计、生产资格证书。证书是国家环保总局核设备处颁发的。当然，这是浙江省唯一一家取得该证书的企业，更是唯一一家取得该证书的民营企业。

无心插柳，柳暗花明。对于"慎江阀门"，这是一件不得了的事情！

"慎江阀门"能做核电阀门了。开始是做三级阀门。阀门从反应堆里出来以后，变成了低压了，这就是"三级"。二级就不一样了，就是真正意义上的"核"了。"慎江"三级、二级都能做。叶旭强的高兴不言而喻，这对整个"慎江"鼓舞很大。

但是，叶旭强做核电阀门，短期来说，没有赚钱，又是一桩"赔本买卖"。为什么呢？因为投入的成本非常之大。科技投入大，研发成本很高，还要有专门的车间。要无菌操作，要关起门来，大家穿上防化服，操作慎之又慎。还要有检测设备，检测车间，检测人才。

没有钱赚归没有钱赚，努力做归努力做，叶旭强高瞻远瞩，他要做品牌，他要做口碑。你会生产核电阀门，其他阀门还在话下吗？根本不在话下。所以虽然投入很大，但是"慎江"品牌出来了，口碑出来了！梧桐树大了，凤凰自然来。东海云厚，还怕没有雨？今天王碎青先生谈起叶旭强，感佩之情仍然溢于言表。

做核电阀门，使"慎江"上了一个台阶！

另一方面，"慎江"上了一个台阶，能做核电阀门，替代进口，对国家也是一种贡献。单就核电阀门而言，从前受制于人，标准、技术、价格都受制于人。多少年啊！

现在好了。"慎江阀门"不仅能做核电阀门，供应本国管道需要，如拿到秦山核电站的订单，而且还出口外国。巴基斯坦恰希玛核电站，是中国设计、建造的商用核电站，当时是我国最大的高科技成套出口项目。该电站坐落在巴基斯坦旁遮普平原柴尔沙漠的西北部，印度河东岸，距巴基斯坦首都伊斯兰堡 280 公里。恰希玛核电站为 30 万千瓦压水堆型核电站，它所用的阀门，就是"慎江阀门"的产品。

作为一家浙江民营企业，阀门产品"以国代进"，而且能够走出国门，不仅是浙江的光荣，也是中国的光荣。

2005 年 8 月，国家机械工业联合会决定对中国阀门协会进行改选。叶旭强派出王碎青和另外一位干部出席。

中国阀门协会已经十年没有换届了。理事长单位一直是河南开封高压阀门有限公司。这是一家国营企业。理事长单位没有想要换届的意思。国家机械工业联合会觉得不换届不利于交流，不利于竞争，不利于提高。所以派出国家阀门协会秘书长宋银立等人去全国各地调研，看生产规模，看产品质量，看产值情况，听取意见。

宋银立是日本留学（或游学）归来的，为人沉静、温和、低调，国家机械工业联合会的会长隋永滨对他非常信任。王碎青说，中国阀门协会秘书长宋银立可能是后阶段接任的。他到了"慎江阀门"考察，非常仔细。因为中国阀门协会十年不换届，不作为，会费都收不起来了，开会的钱当然就成问题。

叶旭强跟宋银立说，全国开大会我坚决支持，这回我叫我的副手去参加，会议需要钱，你说话。

宋银立只是笑笑。

叶旭强说，我不知道大会能不能开得起来，宋银立他们能不能筹集到开会的钱。我打算给大会三十万元，但我没有对宋银立讲。我这钱绝不是拿去买什么职位。只是那么多年不开会，无交流，整个阀门界死气沉沉，民族阀门业的技术势必停滞。这不行！这不单单是"慎江阀门"受到影响的问题。

后来是一分钱都没有出。当然喽，出席会议的飞机票要自己出，旅馆费要自己付。当时宋银立考察了全国阀门企业，大家都想进入中国阀门协会这个平台。有的想当会员，有的想当理事，有的想当常务理事……当然，主要还是了解产品信息，参与技术交流。筹备小组和相关部门领导因势利导，举全国阀门之力，顺利召开了换届大会。

叶旭强担心的经费问题，后来已不是问题。

会议在郑州举行。在这个会议上，在叶旭强不在现场的情况下，会议选举叶旭强为中国阀门协会副理事长，"慎江阀门"为副理事长单位。在理事长和副理事长中，叶旭强是唯一的民营企业董事长。

一个小学都没毕业的人，呕心沥血，考取工程师证书，把一个民营高科技的阀门企业做得出类拔萃，自己当选中国阀门协会副理事长，实是奇迹。

"2006年，有一件更大的事情。我记住的是1月21日，农历快要过年了。这件事记忆很深，是终身难忘的。"做过宣传部副部长的王碎青说，"当时习近平同志是浙江省委书记，吕祖善是省长。中共浙江省委、省人民政府在北京人民大会堂的金色大厅召开了一个会议。这是一个引进内资的会议。'慎江阀门'应邀参加。我是第一次，也是唯一一次进入人民大会堂开会。"

北京人民大会堂，位于中国北京市中心天安门广场西侧，西长安街南侧，是全国人民代表大会开会的地方。人民大会堂三楼中央大厅，也叫"金色大厅"。这里是党和国家领导人举行我国最高规格新闻发布会的大厅，是我国重大政经政策动向的"窗口"。可以说，这个只有1000平方米的"窗口"，见证了我国的发展进程。每年全国两会召开时，总理记者招待会通常安排在"金色大厅"，成为中外瞩目的焦点。

"金色大厅"的主色调为金色，穹顶上有巨大的金色吊灯，给大厅增添了几分辉煌气氛。厅内雕梁画栋，挑檐飞角，尽显中国建筑的尊贵典雅。而彩色玻璃、艺术铜雕、石材雕刻、高强吊胶饰线等新型建筑材料的巧妙使用，又为大厅在庄重中增添了时尚靓丽。

会议能在金色大厅举行，说明是重要的。是浙江省的事情，也是国家的事情。

叶旭强派出了文化水平较高的总经理叶浩东、副总经理王碎青参加了会议。

所有人都穿着正装，西装领带。

王碎青说，那天很冷，天上飞着"鹅毛"，是2006年北京的第一场大雪。上午还早，天空灰蒙蒙的，天安门广场少人，只见一片白皑皑，没有飞鸟，不见绿色。在过安检、接受录像的时候，等了很久，整个人冷得发抖。进去了以后，里头非常温暖，空调暖气很足，就是温州春天里有日头的模样。

会议的起因是这样的：吕祖善省长到温州调研，因为温州这几年的工业产值不仅没有上升，反而在下滑，许多工厂和企业家都跑到外地去了。调研的结果，原因很简单，土地指标有限，企业无法扩大生产。市里没有权限批地，省里权限也有限。国家对土地的指标控制很严。就是说，土地成了企业发展的瓶颈。当时，国务院有规定，倘是省里的重点项目，国土资源部可以重点给予土地指标。因此，习近平同志（时任浙江省委书记）和吕祖善省长根据浙江工业发展的实际情况，适时出招，引进资金，提升浙江工业的内在动力。让省内优秀企业拉一家外出的优秀企业，或者拉一家本就是外省的好企业，回到浙江，结对、组合成为大的企业，一对一组成一个大项目。项目要符合国家给地指标要求，这样就可以解决土地瓶颈问题了。当时会议上，有国务院副总理，有国土资源部部长。中央电视台、《人民日报》都来采访。这样就扩大了影响，对外省的企业也有吸引力。中央电视台外国都可收看，各国华侨（特别浙江是侨乡）都可看到，这也是很好的宣传，对浙江的宣传。

就重若轻。一箭多雕。事半功倍。

叶浩东说：

"省委书记习近平主持的会议，非常紧凑有效，只有短短半天，把所有的议程完成了。与会者都有所得，对我们非常重要。我很钦佩省委、省政府领导人开这个会的决策。"

王碎青说：叶旭强董事长嗅觉是很灵的。他知道这次会议重点是解决"地"的问题，"慎江阀门"必须与会。

他就跑到了上海。上海有一家光辉集团公司，董事长董光亮年龄轻，他是叶旭强的朋友。叶旭强就和董光亮谈合作，董光亮也乐意和"慎江阀门"合作。这样，我们双方参加了会议，并在会上签了合同，互换了文本。我们就是省里的一个重点项目。当时会上，全省签了 167 个项目，其中温州就有 47 个。

2006 年 4 月，国土资源部批给了浙江 20000 亩专用土地指标。"慎江阀门"的项目叫 102 项目，为什么呢？国家批给了"慎江阀门"102 亩地。

2006 年对于"慎江阀门"，是很重要的一年，主要是这一年抓住了土地的机遇。2007 年，完成了其他方方面面的工作，2008 春天进场施工。当年就有车间搬到新厂生产了，因为新厂有四个区块，他们是边建边搬。至 2010 年，几乎所有生产和办公，都搬到 102 亩大厂区了。

抓住了土地的机遇，"慎江阀门"为后来的发展拓展了更大的空间。

哲人说

世界上最短暂和最漫长的时间都在会场上，只看你以前准备了什么。

第九节

征地啊，审批啊，难题何其之大

2006 年，国家批给了"慎江阀门"102 亩地。2007 年，完成了各种审批和其他方方面面的工作。2008 年春天，进入施工。

国家批给"慎江阀门"102 亩地，是浙江省重点工程，又称浙江"102 项目"。按理说是高兴都来不及的。可是其后的征地和审批藤牵蔓绕，复杂艰难，不胜其烦。叶旭强心里有数，这些事处理起来非常不易。当时，他找来"慎江阀门"常务副总经理王碎青，把征地和审批的任务交给他，说明办事的难度，让他有思想准备，但无论如何要做好。就是说，每一户（承包权人）都要同意，签字并按指印。

叶旭强对王碎青说，你先去做，碰到难处，我们再商量。叶旭强知道，王碎青的能力是超群的。

"慎江阀门"拿下省重点工程"102"项目，给你 102 亩土地，当时在乐清是很轰动的。同在乐清的"正泰集团"，是全球知名的智慧能源系统解决方案的提供商，业务遍及 140 多个国家和地区，年营业收入 1000 多亿元，是中国企业 500 强单位。"正泰"那么大，所属柳市没有给地，后来跑到白象去，在白象的正泰那块地也不过只是 100 多亩。"慎江阀门"那时的产值不多，做两三个亿，但一下子政府给搞了一个省级重点项目，说明"慎江阀门"在中国工业界的地位。

按理说，叶旭强完全可以让政府去征。因为土地指标是省委、省政府争取来的，是省重点项目。乐清市政府也说让他们来征地，因为"慎江阀门"厂房征地建设是市委书记联系的项目，在乐清叫"1号项目"。如果由政府来征地，对于"慎江阀门"，对于叶旭强，可以说不费吹灰之力，而且拿地会非常便宜。

但是，叶旭强不同意。

叶旭强坚持"慎江阀门"自己来征。他有四个方面的考虑。第一，让政府来征，对农民势必强悍，就是强制式的、城管拆迁式的征。这样做，对待农民不公平。第二，农民曾经拥有土地，后来又走合作化道路，把农民土地拿回去，变成集体所有，其实是国家所有。现在土地已经承包，农民有了自主权，农民所有的收益都维系在土地上。政府来征地，农民势必吃大亏。农民的根基就是土地，土地被征用了，没有了土地，今后农民将一无所有。农民的权益必须要保护。第三，铁打的营盘流水的兵，政府人员、各级干部在这里都是临时性的，会调动，会走掉的。而"慎江阀门"是天长地久的，如果农民积压了不公平的怨气，他们随时都会来释放。以后的事情能找谁去，后遗症是很大的。第四，也是叶旭强考虑最多的：他自己本来就是农民，农民本身就很苦，他们都是七里港本乡本土的父老乡亲，他要让他们得到"合理的"补偿。即使多给一点，自己也心安理得。

叶旭强对王碎青说：

"这个事太大了，太麻烦。这个重担你来挑，你辛苦，慢慢做工作。"

王碎青说：

"慎江阀门"一次性给了乐清市财政 1600 多万元。14 万元一亩，14 万元多里面有 4 万元是给村里的村民作为青苗补偿费的，因为农民是要耕种的，有收获。按照规定来讲，征地手续已经完成。但是乐清恰恰不是这样子的。这些情况我们开始都想象不到，老百姓说 4 万块钱给我怎么够啊？这个地是我的。土地承包是有证的。这是中央规定的 30 年，承包地 30 年不变，第一轮承包转成第二轮，现在是第三轮了。你市政府有什么权利剥夺承包权？没有权利。当时"慎江阀门"的法律顾问叫黄银多，他说想想也有道理，为什么？因为这个土地承包权是根据土地法来的，你市政府征用，虽然是'农转用'，也是根据国家的规定来，但是市政府的'农转用'法规大不过农民手里拿着的那个土地法。

道理是这个道理。的确是个问题，那么，全省的'农转用'很多，他们是怎么解决的呢？

王碎青说：

乐清市土地局有人给我透露了这么一个消息，关于土地承包证书的问题，全省在宁波的鄞县搞试点，说可以收回农民的承包证书，这样的话就行了。结果是乐清市农业局专门派人到宁波去咨询，去了解，我们就一直等着他的消息。到底这个消息怎么样？结果我们等到的是一个坏消息，他们回来以后说鄞县试点没有成功。

这事情搞不下去，怎么办？

那时，我们这个项目是乐清市委书记潘孝政亲自挂钩的，叫乐清市"1号项目"，1号首长是挂1号项目，是一路绿灯的，潘孝政生气了。鄞县没有成功的事情就说明这个做法是错误的吗？鄞县试点不成功，说明鄞县工作没有做好。

潘孝政讲了这些话，我感觉到他很有魄力。他从表面上看，也不是那种气势凌人的领导。他这个话讲出来很有分量，他说我们自己搞，自己怎么搞，市政府发文件，土地征用，已经被征收的承包权证作废。

后来发了文件，真的发了文件。我感觉到很吃惊，政府这样帮企业，采用这个做法，证明了"慎江阀门"在政府里面的地位和声望是很高的。

文件以乐清市政府的名义，乐清市人民政府有土地征用的需要，你这块土地转为工业用地，这个是合法的，根据土地法来讲的确是这样。其中牵涉两个村 156 户人家。文件把长长的名单列出来。名字，多少地，把某某人一点几亩、某某人零点几亩都列出来。很有意思的一个东西。这个文件有个标题，叫"关于陈燕珍等 156 户承包户土地权证作废的通知"。

正式的红头文件到手的时候，我们几个人就在村里把它贴起来，贴着村委会村务公开栏那个地方，贴起来，马上拍照。我们知道，一会儿村民就会来撕掉了。当村民围过来看时，我们都拍好了，我们就准备给他撕，我复印了很多。

还有一个麻烦的事情，也是潘孝政书记协调的。所征地上有三条电线，必须移掉。一条是高压线，一条是低压的，一条是广播线。从白象镇过来经过七里港镇，一直到黄华镇的，是高压线。入户的是低压线。广播线也有杆子立着。

潘孝政召开了协调会议。电力局局长是洞头县调过来的，我们是老熟人，关系不错。我到"慎江阀门"，没有多少时间他也调到乐清来了，我曾经到他办公室拜访过。后来为移动高压线找他，他曾半开玩笑地说："移高压线怎么免费？对不对？这是很重要、很厉害的高压线，这个电线杆很高很高的，多少根柱子啊，那要多少钱啊！"

后来他又打电话给我，说："你们'慎江阀门'这么牛逼，我这里移挪电线杆 100 多万元，全部免费掉了。"是啊，我们是省级重点项目，所以一路绿灯，真是厉害了。

高压线移了，低压线让七里港供电所移，然后广播线归广电部门移。一一移走，安安静静，一分钱都不要出。

这两件事情，对我们这个项目不但是钱的问题，"慎江阀门"威望、声誉提高很多，对企业的知名度提高很多。同时，客观上也给征地户一个信息，就是说省级重点项目是很重要的、很厉害的，市里一路绿灯，想抵制征地也是抵制不住的。

发了土地权证作废的通知，引起很大不满。有一个人很牛，得到消息，把我们约到柳市一个也很牛的茶吧，叫欧丽。当时七里港镇党委书记叫余春双，是个女干部。这人说，我要告余春双，她把我的土地证作废了，开玩笑！你这是人民政府吗？农民想不通，当时反对意见很大。

老百姓顶在那里，我们去跟主管部门经信委联系，说征地搞不下来，怎么办？经信委跟土地局咨询，土地局推卸责任。说我们只做到这一步了，我们已经把青苗赔补偿费 400 多万元一次性打到村里了。

按照国家规定，土地补偿款就是 4 万块钱，但是，这个数额根本不行。

第一次谈判谈下来，是再补偿 13 万块。就是说，除了青苗补偿费 4 万块钱外，一亩地再补偿 13 万块。这样征了一批人的地，缺钱的，思想觉悟比较高的，还有跟董事长沾亲带故的，还有那些关系好的比如哥们朋友的。这里大概征了五分之一，征了二十几亩。然后，又征不下去了。

叶旭强说："隔壁有一家××工厂，和我们一起开始征地。他的项目不是什么重点项目，他撺掇我们'慎江阀门'让政府来征，更反对我们提高征地款。接着，七里港有一个管工业的副镇长，把我请到镇政府，用商量的口气对我说：'老叶啊，你让隔壁××厂先征吧。他先征好，低价便宜，对你也有好处。'我当即严厉地批评他。我说你我都是农民出身，你作为国家干部，号称'为人民服务'，但不站在农民群众的立场上，良心在哪里！我气了，走了，他还送我。我说你不要送，他还是送。我骂他，从四楼一直骂到一楼。原则问题上，大是大非上，我这个人是不留情面的。"

据说，隔壁这一家工厂，至今还有许多地还没征到手。

王碎青说：

我们开始了"长征"。长征寻找征地户。第一次，我们到广东、福建。开始从福建漳州这里南下，然后到福州、广州，再从广州到深圳，再到东莞和佛山。阻力很大。当时许多征地户散在外面，做工的做工、开店的开店，办厂的办厂，要一家一户把他找到。这事很难，有时就是大海捞针。当时我包里面钱很多，要背出去，村里的干部一起走，村里很支持，镇里也派了干部跟我们一起走。镇里村里干部是主角，我是当服务员的，对吧？他们手里有文件，有通知什么的，但每到一地，我都买了礼品去拜访。

事先都知道他们的爱好，有的是买酒，买了五粮液，最差也是名酒洋河大曲。到了佛山，村干部说这个人是不喝酒的，我们就买了一套茶具——广东那边喜欢喝茶，茶具很贵，我们大概花了七八千块钱。红木的那种茶具，那个水可以倒下去了，自动抽水。茶具拿过去了，这个征地户不但不跟我们见面，而且红木茶具被他的家人丢到街上去。他放话说："你们侵占我的土地，我去告你，乐清都是你的人了，告不倒，我到中央去告！"

东莞有一户姓王的，人还是不错的，他很聪明，他有几个兄弟，他名下的土地只有一点点。他把我们带到他家，他小区是个豪华小区，带过去，晚上还请我们在外面店里吃饭。他说镇里领导来了，村里领导来了，"慎江阀门"来了，不容易。我以前还记住他的名字，现在已经忘了。

他还给我们出了很多点子。这里应该是怎么样，那里应该怎么样。比如找征地户的朋友和亲戚，还说有的人真正有困难，再给他补一点钱。

董事长有一个原则，个别人补钱是不能开口的。

走了福建、广州、深圳等地，我们就回来了。回来后我就说13万元这个标准不行了。我不敢说建议加多少，这个话从来就不敢说，我只问董事长，你的实力到底怎么样？他说要做出一个决定，董事会里面碰一下头。很快碰了一下头，从13万元一下子增加到18.5万元。他说，老王，你通知明天开会，所有的征地户都过来开会。

我们在老厂办公楼的六楼，准备了中华的香烟、好几种茶，什么红茶绿茶普洱，还有咖啡。

开会。当董事长宣布从13万元增加到18.5万元，有的征地户鼓掌了，加了，加了。而且是以前13万元签了合同拿走钱的全部补足到18.5万元，公平合理，不然的话早一点征了不是吃亏了吗？

然后，我们又到了北京，到了南京。北京是和张老师一起去的。张老师叫张乐燕，是"慎江阀门"前支部书记，她出身项蒲埭村，就是102项目所在地，她配合征地工作。她退休前是七里港中心小学校长，故而大家都称她为张老师。张老师媳妇在北京教书，恰巧，征地户有一个儿子，就是张老师媳妇的学生，并且是张老师媳妇当的班主任。征地户是把儿子托给张老师媳妇的。我们到了北京，到征地户那里去，张老师把媳妇连同孙女也带过去，增加气氛。

到了北京，那个人有心机，但是态度很好。我们订了饭馆请他们过来吃饭，他们全家也都过来吃饭。他拿出一些法律依据，跟我们论理，他说工业用地怎么可以侵占农用地？我对他说，你讲的农用地不是那些农田保护地，农田保护地的确不能转用。因为那是国家的18亿亩以内的红线，是不能突破的。是农田保护区，田头专门有个牌子立着的。但是如果是国家需要用、省人民政府需要用，也是可以征的，但是多少亩以上，要报国务院审批，这不是开玩笑的。当时村干部很聪明，有盘算，他们把那些边边角角的什么海岸处、那些根本建不了厂区的地方，划为农田保护区，把成块大的土地改为可转用的这种地。土地局地图打出来，有的图斑是黄色，有的图斑是红色的，前者可以转，后者不能转。我对他说，你家的田在黄斑之内，不属于红线内，那是可以转的。

我的包里有地图。还有许多文件，省发改委的文件、省重点办的文件、省经信委的文件，还有是省国土资源厅的文件，然后是省发改委下面有个重点办的文件，因为所

116

有省级的重点项目都由省发改委重点办公布。这些都给他看。万不得已的时候，我把乐清市政府把土地承包权证作废的文件也拿出来。但还不敢拿出来，到关键时刻我要拿出来，我工作是做得比较到位的。

这人都相信。他的父亲也在，老人很和善，八十几岁了，对我们很支持。他父亲是村里的老党员，是原来的老书记，和现在项蒲埭村的书记关系很好。但，儿子城府很深，就是不松口。那些人在北京接受了不少东西了，那种东西是什么？民本思想吧，他认为企业占用我的地就是不对。

我当时给张老师有个约定，他这一户人家的地如果征好了，字签了，钱都给了，我们就买一样什么纪念品给父亲。结果后来事情一直没有成。但是他对我的那种诚恳，那种解释，那种说服力，他觉得还是蛮佩服的。他说你这个也不是强制的，这么多的文件、旁证材料、证据给他看，他认为你这个工作还是做得比较到位的。

和那一回到柳市欧丽茶吧差不多。开始的时候说要告镇党委书记于春双，把她的乌纱帽拿掉，看你这个女人怎样。结果我那么多的资料，村里叶书记跟我一起去的，张老师也去的，我所有的资料给他看过。我说真的我是依法征地，对不对？这个是国家征用，不是我企业行为。征地文件是国家发的。他也蛮相信，因为我们功课做得比较足。

特别是这回到北京，我印象很深，他说你这个讲话是有说服力的，对我原先那种想法是有改变的。

这人还是有水平的，是讲道理的人，但是他不签字，他不是说不答应，他说你们只管建设，因为你们文件都有了，至于他这个地什么时候拿钱，什么时候签合同，合同文本都是统一的，这个以后再说了。他这样讲，是软刀子给我们吃了，我们也不能让他一定要签字的，对不对？

那天晚上这桌菜，基本上没有什么吃，大家心情都不好，但这人很客气。

为了这户人家，我到北京先后去了两趟，结果都是一样。

还有在江西的一户，最为典型，这是我从来没有见过的。江西这一户在哪里？是在赣州。叶道义老师跟我一起去的。这户人家是他的亲戚。跟北京的一样，征地户的父亲也是同意的，我们拉上他的父亲，三人一起去，我们当时动了多少脑筋，辛苦啊。

那时到江西没有什么好的交通工具，转到温州城西双屿车站，只坐大巴车，十几个小时坐下去，坐到赣州。痛苦的是，遇上最炎热的时候。我一看就知道，征地户在那里办一个厂也是不景气的那种厂。赣州这人，跟北京的修养、境界就差远了。他把我们放在他厂区露天的地方，太阳那么猛，没有一点遮阳的东西，站着说话。实际上故意把我们耗在那里。他老爸也这样耗着，就这样子。也不叫你怎么样，也没有强烈反对，就是耗你。

我们在那耗了两天时间，最后也没有结果。大概是他父亲过意不去了，他搞了一点什么东西给我们吃。厂区是前不着村后不着店的地方，工业区也没有工业区的样子，好像是村里的地。后来我就想起一篇文章叫《触龙说赵太后》。春秋战国时期，赵国需要长安君去齐国当人质，赵太后不同意，大臣们来劝他的时候都被她训斥了，后来有一个大臣触龙把她说通了。大臣不是直接说您儿子去当人质，而是先从自己的腿脚不便谈起，慢慢引申过来，把赵太后说通。

后来我就问他了，我说你也是办厂的，你这个厂房是怎么征地的？你办厂和我们办厂这个情况是一样子的。转变思想是慢慢地、一点一点地，想把思想渗透进去。可是，我没有触龙的本事，他也没有赵太后的觉悟。他就闷头干自己的活。你看，那么偏僻的一个地方，如果不是他父亲把我们带进去，你说这种人能找到吗，你根本找不到。

那天晚上回来，住在赣州一家宾馆，条件还是比较好的。宾馆里正碰到有人结婚，新郎是个光头，五六十岁了，大热天穿一套西装，姑娘是很年轻的。我现在记忆很深，白色的西装穿起来，光头满头大汗，白色西装上也是汗。宾馆里是有空调的，空调效果不好。那种汗我现在记忆尤深，很狼狈的一个新郎。热的是四五十度的样子。他的那种狼狈也想起了我自己。征地和结婚都是好事，但是有时就很难堪和狼狈。

唉。

长途外出征地基本上收效甚微。

这回"长征"以后，我向董事长作了汇报，又问接下来这个事情怎么办？董事长说还要"长征"，做到仁至义尽，不是送钱，是送道理，要送情意。于是，东西南北都又走了一圈了，走起来虽有成果，但都不理想，不能圆满。

但是，叶旭强非常肯定王碎青的工作。他说王碎青的路并没有白跑。将心比心，我们"慎江阀门"是征用他们的地，不是他们要征我们的地，地是农民的命根子，我们是有求于人，我们必须保持谦卑之心。他的意思是"精诚所至"是我们必须做的，金石开不开是征地户的事了。王碎青每趟回来，都有成绩，叶旭强都为他设宴，接风洗尘。

王碎青又说：

随后，董事长第三次加价，从 18.5 万元一下子加到 28.5 万元。原来已经签字给钱的，所有人都加到每亩 28.5 万元。最早的青苗补偿费 4 万元不算在内。他想把征地补偿问题很快解决了。

当然，每一次加价，征地都有进展。这一次进展较大。

有的征地户是欢喜的，钱拿到那么多！但有的人家本身就很富有，并不急需钱用，而钱这个东西不怕多，多了不烫手。许多人还在观望，还在等待，还是不签，甚至还闹事。

兴建厂房的时候。市政府调来五六十人，穿着地勤的服装，实际上就是保安，帮我们"慎江阀门"维稳。市政府很支持，师出有名，这是乐清市"1 号工程"，是省级重点项目，他们要保驾护航。他们就睡在工地上。

想不到，一个姓易的八十几岁的老人，夜里偷偷把抓到的钢筋都丢到桩洞里去。我们桩洞三十几米深，钢筋只有几米长，拿都拿不出来。他反复这么做。一天夜里，老人搞到一艘水泥船，划过来靠近工地，上岸了，爬到桩机的顶上去。我们桩机不是很高的，大约五六米高的样子。

天亮了就要施工了。我那天奇怪，怎么会睡不着，天蒙蒙亮五点多钟，我起来了，到工地上去，到工地上我是第一个发现老人的。所有的人还没有发现。不得了。这个人我认识，平时就很乖戾，很会骂人，这下见到我来，骂得很凶。我第一时间就打电话给董事长，然后我告诉保安。他们开始就蒙了，这个人是怎么进来？我说从河边进来的，那个地方是个盲区，薄弱环节，他进来了。我说你们有没有办法把这个事情处理掉？他们计莫能出。后来，处理的方案也是我出的，我说分两路，我带几个人在他的正面，劝他，做工作，把他的注意力引向我们正面，让他骂。你们从后面悄悄上去，控制他。我说注意，他八十几岁了，不能有任何差池，安全最重要。

桩基很大，前面有个小平台，老人就坐在那平台上。我和他谈话，他果然骂得很凶。骂得很凶也有好处，老人的气顺了。但不知后面的人已经上来。一个八十多岁的人，夜里辛苦，又骂了很久，应该非常疲劳了。保安一上来，就把他控制住了。后面上去的保安原来就是特警，所以几乎不用力气把他控制住。但怎么把老人放下来，做到万无一失，我们真是有点担心，老人毕竟太老了。最后是，我们搭了人梯，慢慢地、慢慢地把他顺下来。我们叫来了村干部，一起护送到老人家自己的院子里，才回来。

征地真是难，真像李白上蜀道。后来，乐清市政府开一个大会，赞赏"慎江阀门"叶旭强征地的做法。并请我就征地在大会上做典型发言。我说了，总结是"走遍千山万水，历尽千辛万苦，想尽千方百计，道尽千言万语"，对不对？市政府都把我们的经验进行推广，人家征地都征不下去嘛，是不是？

王碎青又说：

2006年，一边是跑征地，一边是跑征地手续。现在再说说办理征地手续的事。我从4月一直跑到12月31日，把征地的最后手续送到省国土资源厅。这时已是2006年的最后一天了。省厅他们已经不收件了，这个有规定，收件截止日在12月16日。我们"慎江阀门"不知道，乐清土地局是知道的。

在省国土资源厅，下面收件的人很客气，他说你们很不容易，大老远从温州跑到这来，但是已经迟了。我听着，我说都是我们企业的工作没有做好，市里没有沟通好，没有对接好，副市长出差了，又是面临着换届选举，面临着人事的更替，这里是有一些问题。我们企业很不容易，一年征地都很苦，还是要给照顾一点。

收件的人很同情，他说需要分管副厅长签字，并吩咐我们跟副厅长说说好话。

副厅长狠狠训了一顿，他不是训我，是训乐清市土地局跟我们一起去的，供地科的有个办事员。他说我们规定12月16日以后就不收件了。征地的文件堆起来像山一样高的，全省七八十个县市区。企业是不知道的，但是你土地局人是知道的，你是怎么搞的呢。

后来我又跟他讲了实情，送得为什么这么晚：乐清市里有一个分管土地的副市长，年纪到了，要到人大了，上头和他谈话都谈过了，过了阳历年就两会了。他也不怎么上班了。文件在他那里，叫他签字，就找不到人了。所以这个审批件就一直拿不下来。后来多方面做工作，乐清法制办主任黄银多做工作，乐清经贸局局长赵顺川做工作。说这个必须要在年底办好，因为我们当时得到消息了，过了年土地款每亩增加5万元，100亩就是500万元。副市长总算签了，结果我们赶在31日那天送过去。

副厅长看看我，从表面上感觉到，好像我不像一个做企业的。从言谈里面感觉到我很诚恳。老是看看我，一边生气一边就签字了。我心头的一块石头就落地了。

后来，跟我们一起跑项目的，迟了几天，他的土地款一亩就比我们多了5万元。他就到乐清土地局那里去闹，说跟"慎江阀门"都是前后一起跑的，怎么我们多出那么多钱！土地局局长就把我们的文件拿给他看。"慎江阀门"是 2006 年的，你是 2007 年的，这个是不一样的。涉及金额太大，总觉得土地局偏向我们。他还是闹。听人说，土地局局长为此在乐清干不下去，压力大，后来主动调到温州，去当一个什么处的处长。

算起来，2006 年，我跑杭州跑了很多趟。2 月 21 日，习近平同志在北京人民大会堂召开会议，签约以后，4 月份国土资源厅下了指标，5 月、6 月、7 月、8 月、9 月、10 月、11 月、12 月，8 个月，杭州我算了一下，估计跑了十几趟，有的时候一个月跑两趟。征地还没完全征下来，同时搞审批。杭州来来往往，我用董事长的奔驰专车。董事长总是拍拍我的肩膀，说辛苦。

这样子批了一年。2007 年又批了一年别的。批什么？规划、建设、消防、环保、人民防空。只有我一个人跑。人防也要审批的，气象、避雷。防雷很厉害的。好在跑了一半的时候，洞头县气象局的局长调过来了，是我的好朋友，那就很快了。他在那里开绿灯，很快批下来。

很有意思的是，有点权力的人故意大甩袖子，把事情复杂化，实际上没有什么事情。他们可批可不批，就是不批。可快可慢，就是慢。真是没有办法。这样的，搞了一年时间，整整搞了一年时间，还没有完成。嗜，海水都干涸了。

2008 年前 5 个月还在那里跑，跑施工许可证。施工许可证批给你的话，所有的施工图的图纸全部要完成，要建设局审核。

我现在想起来真的很心酸。明明是完全可以批的，因为设计院是很内行的。设计院的工程师、建筑师、规划师、结构师，这些人的专业水平比建设局的都高的，对不对？他们设计出来的都很专业。建筑有建筑师，结构有结构师，建造有建造师，水电有水电师，规划有规划师，极其专业。但他们就是拖，挑刺又挑不出来，没刺啊，所以左挪一下，右挪一下。

这样子一直拖到 2008 年的 5 月 13 日，5 月 12 日不是汶川发生地震，对吧？

汶川方面地震，我们 5 月 13 日那一天是开工，那天举行了隆重的开工典礼。但是那一天施工许可证还没发下来。所有东西审查都通过了，建设局发许可证的窗口应该递出来了，我就到窗口那里等。

我说我给你挑明了，今天我是开工的日子，我们是挑日子的，这个日子是挑来的。我们要打桩，打桩机都进工地了，大型的那些工地设备都运过来了，我们必须要开工了。

我尽量说好话、做工作。这个许可证今天如果不给我的话，也要开工的。但是有个问题，就是说资料做起来是违规的，你还没有施工许可证。开工是要记录的，比如许可证是 5 月 14 日的，你怎么 13 日就开工了呢？

对着窗口小小办事员，我也只得低声下气，说话谨小慎微，语气表述不能有一丝不满，给予充分尊重。后来那个人也蛮感动，就办给我们了。

麻烦的是乐清消防局，文件在那里待了三个月，不给你看，不给你审查，更不给你审批。我每次去问他，我问有什么问题、什么原因？他说人手忙不过来。消防如果不给你审核，没批的话，别的部门就做不下去。比如环保。

2007 年跑了一年时间，到 2008 年 5 月份才开工，2008 年当年建设当年投产，我们需要大厂房。审批的繁文缛节一言难尽，而"慎江阀门"正值兴旺发达时刻，没有场地，许多阀门做不出来，我们干着急，有时是欲哭无泪。比如有两只 100 吨重的阀门就必须要放在大厂区起吊，装配。这两只球阀，是出口法国的 。

审批之路对我们来说，非常漫长。但市政府的一些老领导，部门的一些负责人，还有其他一些人，说我们快得不得了了。一年多时间，从土地指标拿到手，到整个工地完成，说你们"慎江"不是坐飞机，你是坐火箭来的，你已经很快了，对吧？有的人搞了几年都可能还在审批的路上。

哎，我真是感慨良多啊。

叶旭强对我说：

跑征地，跑审批，老王功劳很大。他的确很辛苦，很劳累。他后来的家搬到温州城里去了，辞职离开，对我来说非常可惜。之后我们征地又加价了。我太知道农民了，我家 1949 年前不是中农吗，不到十亩地，都是劳苦勤俭积攒的。1949 年后农民分到了土地，后来又集体化了。改革开放后，又分到了承包地，是 50 年不变，今后也不变。虽然说只有承包权没有产权，但毕竟有个权捏在手里。每年总能产出一点谷物和蔬菜。他们的日子非常艰难。我们毕竟和农民不一样。大多数人被征了地，就无依无靠了，手里这一点补偿款也会吃完。而我们建了厂，一年又一年生产，利润一年一年来，我们多给征地户钱，那是完全应该的。他们高兴，我们才高兴，才踏实。但究竟拿到多少钱，农民才高兴呢？即使一亩给 100 万元补偿，农民也不会山呼万岁。所以必须做到合理，合理很重要，双方都满意才行。所以有一个磨合的过程。老王很辛苦。

那最终，究竟一亩地给了农民多少钱呢？叶旭强大女儿叶仁乐轻轻地说：

"最后，一亩地给七八十万元。"

我顿时目瞪口呆。

哲人说

只有在寒冷的沙漠里，才看得见哪颗星最大，哪颗星最亮。

第十节

数控机床事件。这是至暗、至痛，也是让他久久感怀的日子

2009 年 9 月中旬的一个下午，温州海关几辆车到了"慎江阀门"。那时叶旭强的办公室还在"19 亩半"里。有电话来，是温州海关的，问叶旭强你在哪里，叶旭强说我在办公室里。

"那你下来一下。"叶旭强下来，就被来人带走了。另一部车带走了王碎青和办公室里的一位同事。

董事长被温州海关带走，这在"慎江阀门"是晴天霹雳。他们不知道是怎么回事。他们的董事长视工厂、视公司为自己的生命，一贯奉公守法，怎么会被海关带走。最不解、最焦急、最难过、最痛心的还是他的三个儿女：在公司里的儿子叶际涵、大女儿叶仁乐和在工商银行工作的小女儿叶灼如。

大女儿叶仁乐对我说：

"我在公司管财务。我在上班的第一天，父亲就特意找我，告诫我：'公司和国家要分清。公司是公司，国家是国家。明白人都知道，世界上有两件事逃脱不了，一是死亡，二是纳税。要纳的税，我们一分不少，我们明明白白给国家，国家也是为了我们百姓。还有就是把父亲和公司分开。父亲是父亲，公司是公司。我们虽然是家族企业，但也是股份企业。公司的收支归公司，父亲的开销归父亲。'"

我问叶仁乐：

"你和你弟弟叶际涵一点都不知道父亲被海关带走，是因为什么？"

叶仁乐说：

"当然一点也不知道。我还问了出差在外的总经理叶浩东，他也一头雾水。说被海关带走，肯定是因为走私。但我们出口产品不存在逃税问题，我们进口设备，都是合法进口，经过海关的。"

于是，慌忙之中，"慎江阀门"紧急大动员。叶际涵、叶仁乐、叶灼如没有时间流眼泪了，即刻通知了父亲的至交好友。儿女们使出浑身解数，亲朋好友各显神通，打通海关，探听情况。在上海和杭州的朋友都行动起来了。

下午4点，有人打来电话：海关同意保释，马上准备200万现金提过去。

这时银行将要下班了，不再接受取款。在银行的小女儿叶灼如请假外出，正在设法营救父亲。

叶灼如说：

"倘若早知道十分钟，我也有办法。偏偏在不再接受取款的时候！这年头，大家很少把钱存在家里。我们调动几乎所有的至亲挚友，寻找现金。而且不能迟，迟了送到海关，海关也关门了。"

神速，或者说奇迹，乐清城关、乐成镇、柳市镇、北白象镇所有的酒店宾馆都动员起来，家里有现金的亲友都把钱拿出来。200万元现金齐备！叶际涵自己开车，叶仁乐、叶灼如连同婶婶郑菊英，也开车奔向温州海关。

到温州海关的，还有一个人，陈文荣。陈文荣当过叶旭强当年就职的乐清交通机械厂所在地磐石镇的镇党委书记，也当过七里港镇的镇党委书记。陈文荣对我说："慎江阀门"十九亩半那个厂房，就是他在七里港批给叶旭强的。他说那时的叶旭强还比较保守，认为十九亩半太大，是他循循善诱，叶旭强才答应的。叶旭强说话直来直去，不会虚与委蛇。"慎江阀门"不仅是七里港工业的龙头老大，还是乐清市工业的龙头老大，他过来当书记后，经常到"慎江阀门"来，和叶旭强喝茶聊天，交朋友，叶旭强有时才愿意受邀到镇里的会议上坐一坐。

海关的事情发生后，陈文荣早已离开七里港，他是温州进出口检验检疫局党组成员兼进出口检验检疫局驻乐清办事处主任。乐清办事处在柳市镇。陈文荣离开七里港，先在办事处上了几年班，后来调到温州市里去，当温州进出口检验检疫局的副局长。后来又主动提出来调回乐清办事处。温州进出口检验检疫局和温州海关是同级单位，直接听命于省和中央的。他是"检验检疫"省管干部，当市向省汇报陈文荣要回到柳市当乐清办事处主任时，不相信，问是不是陈文荣本人的意见。市里说是。后来陈文荣向省里直接回话，理由是他的家在乐清，老婆在乐清，一个人在温州工作不方便。省里说，不想往上走，坚决往下走，浙江只有一个陈文荣。人各有志，陈文荣这个办事处主任加一个温州进出口检验检疫局党组成员的头衔。这在浙江也是唯一的人。

我见到的陈文荣，头发和服装纹丝不乱，英俊坚毅。一看就是个有才能、有智慧，深谋远虑的人。他生于1959年，退休前是检验检疫局的巡视员，正县级。

陈文荣对我说：

叶仁乐打电话给我，说他爸被海关带走了。说是可能和一套设备有关系，要200万元现金可保释。我心想，"慎江阀门"是不可能偷漏税的，因为阀门用于国内，全部是央企国企，都要发票。阀门运出国门，都须经过海关。买设备也一样，不通过海关设备怎么进得来？而且叶旭强这个人，我清楚得很，不设城府，说话冲，有时伤到人是有可能的，但对于不义之财，老叶是一分钱也不要的，偷税漏税这种事，他根本不会做。

我马上给管海关和"检验检疫"的乐清市副市长胡晓阳打电话，又给温州市管海关和"检验检疫"的副市长陈宏峰打电话。说明叶旭强的人品和做派，让他们设法先行放人。

我又给仁乐打电话，仁乐说现在正开车去温州灰桥、民航路的温州海关。我说我在北白象，你顺路把我带过去，我和你一起走。

我到了温州海关，见到了老叶。老叶见到我来了，心也定了。海关的人不耐烦。我说我是温州检验检疫局的领导，他们才有点客气起来，因为海关和我们"检验检疫"都是把国门的，他们防偷漏税，我们把质量关，把疫情拒于国门之外。现在两家不是已经合并了吗？果然，海关不收保释金，叶旭强要刑拘。

叶仁乐至今还记得清清楚楚，当时海关里通知，就是要200万元现金，然后保释。这是一个谜，已经解不开了。要刑拘，对儿女就是一个晴天霹雳！但是他们束手无策。

叶仁乐说，他们总算上楼看到了父亲。父亲脸色还好，神情自若。

陈文荣说：

马上要带走叶旭强的时候，海关的人把他的皮裤带抽走了，鞋子也要脱，防止鞋里有刀片之类。两个女儿叶仁乐、叶灼如哭得很厉害。我对她们说，你们不要哭，哭了让你父亲更加伤心。

这时，叶旭强对孩子们说：

"你们放心。你们是知道父亲的。当年里隆大走私，对父亲一点吸引力都没有。父亲一生不做坏事，不做犯法的事。这回海关指控，他们有他们的理由，有些东西我们不清楚，但父亲是肯定没有问题的。你们放心。"

但，做儿女的，哪里能够放心呢。

叶旭强被带下来了，要到看守所。两个女儿和父亲在同一架电梯下来。叶旭强还是对女儿说了两个字：

"放心，只管放心。"

带走父亲的车开走了。他们想开车跟上，到底带到哪里，却已经迟了，跟不上了。

这是星期五的事情。叶旭强的儿女和朋友即使有千万个理由、有天大的本事，后两天都解救不了人，叶旭强只能待在看守所里。办案人员星期六、星期日可以加班办案。唉。

平时，叶仁乐、叶灼如是反对父亲抽烟的，星期六，她们买了一条中华香烟，想送进去给父亲解闷。父亲在温州葡萄棚过境公路边的温州看守所。结果没能如愿。

叶旭强说，进去后，衣服就被命令脱下，换上牢服。一个房间十来个平方米，关着十多人，十多人挨着，睡在地上。里头有一个蹲坑，以供大小便。他睡在门边，其他人身下有木板，他没有。长年以来，出门在外，他对吃不讲究，对穿更不讲究，唯独对睡讲究一些，要舒适，要干净。现在，里头小偷也有，打架的也有，吸毒贩毒的也有，说不清楚是什么罪的也有。更不用说每个人的素养、修养、涵养……臭烘烘的各种气味体味，夜里各种各样的吵闹声，吵闹声莫名其妙，不可思议……叶旭强非常痛苦。但还有更让他痛苦的：一是自由失去了，手机被拿走了，不能对外面所有人说话，身陷囹圄，什么地方都去不了；二是自己为了这个公司，呕心沥血，惨淡经营，"慎江阀门"闻名中外，而且几乎年年是乐清的纳税大户，温州的纳税大户，想不到有这样一天，关在牢里；更重要的是三，案子涉及"走私"，他叶旭强一生没有想到要"走私"，可是偏偏顶着这个罪名，关在这里。

叶旭强说，次日星期六，提审审了一天。星期天没有提审。星期一至下午三点钟，被提审三次。

案件本身是这样的：一个齐齐哈尔人，叫富文华。这个人原来是"齐哈重工"的，后来在上海专事进口设备免税工作。因为他懂机械，懂设备，对境外的厂家也很了解，而且替国内不少企业引进了免税设备。这个人还有一个特点，就是能说会道，巧舌如簧，如温州人所说，"死人也被说活过来。"

受上海朋友的引荐，富文华找到了叶旭强。他说台湾有一款数控车床，性能和特点非常适合"慎江阀门"的生产。他把车床的图片资料，包括单价给了叶旭强，后来还把台湾数控车床大陆总经销商也带过来了。他们说产品性能优越，符合免税条件。一切都明白可信，叶旭强答应购买两台。之前，"慎江阀门"也进口过日产FNC设备，还有别的国家的设备，都是免税的。上海朋友也是很可靠的。所以，对富文华代办，包括签订合同、报关，叶旭强都是信任的。

这是2005年的事情。设备进关后，安装在"19亩半"里，后来移到"102亩"。海关人员是来看到过的，当时没有任何异议。不想时至2009年了，竟出来一个逃税问题。

实际上，富文华和台湾数控车床大陆总代理一唱一和，狼狈为奸，实行违规免税操作。后来查明，富文华除拿了购买方劳务费之外，还拿了"台湾数控车床"每台机器20万元的回扣。多年来，他一直这么做。打一枪，换一个地方，再打一枪，再换一个地方。这回在别处一家企业被海关抓住，之后，他供认了在"慎江阀门"还有两台。后来，富文华被判刑，台湾数控车床大陆总代理也被判刑。

王碎青说，被带到海关之后，海关人员说两台台产的数控立车是走私的。王碎青和他们吵了起来。合同都是明明白白的，而且是报了关的。海关人员说，你这设备是三轴联动，如果是四轴联动，那属于先进设备，符合免税标准。他们还说了一些专门术语，×啊、Z啊、什么圆的、360度的……海关人员说，你们"慎江阀门"应该是知道的。王碎青说，我们怎么会知道呢，合同是我签的呢，还是董事长签的？统统是富文华签办的。安装的时候，你们是看到过的，为什么当时不说？

王碎青说：

"星期五当天晚上，我和办公室里的一位同事就出来了，只有叶董一人被关起来。星期六，我就找到乐清法制办主任黄银多、乐清经贸局局长赵顺川一起商量。我向他们说明情况，叶董自己是守法诚信之人，他以为别人也是如此，他至多是轻信了别人，受了蒙蔽。黄银多和赵顺川都不相信叶旭强走私。特别是赵顺川，他不仅当过乐清中学副校长，还当过七里港镇镇党委书记，对叶董的为人十分了解，十分赞赏。赵顺川说，叶旭强拼命干活，但并不是一个贪钱的人，是绝对奉公守法的人。我们三人决定，下星期一一大早，就找乐清市市长姜增尧汇报，企业运转离不开叶旭强，先把人放出来。"

星期一，早上七点多，王碎青、黄银多、赵顺川已经站在市政府姜增尧办公室的门口了。姜增尧从温州城家里来，一看三人，一怔，问"怎么回事"？王碎青便把事情的来龙去脉说了一遍。姜增尧是个率性豪爽的人，没有什么架子。他从前当过温州市对外贸易经济合作局副局长，刚刚从温州市经济贸易委员会党委书记、主任任上转到乐清，"慎江阀门"产品远销国内外，姜增尧多次去过"慎江阀门"，也熟悉叶旭强。他觉得事态严重，马上把秘书叫来，取消上午的既定行程，按照原来的安排，上午是下乡检查计划生育工作的。

姜增尧说：

"'慎江'是我们的龙头企业，纳税特大户……这样吧，我们马上到温州市委，直接找邵占维书记。人已在看守所，是海关的事情，只有邵占维书记出马有用，别的人可能都不行。"

这样，姜增尧、赵顺川、王碎青三人乘坐一辆车，向温州市委奔去。路上，姜增尧给邵占维书记的市委办主任打了电话，说有要事向邵书记禀报。

邵占维见到三个人，说：

"你们什么事情这么紧张啊，大星期一的？"

王碎青便把事情简略地叙述了一遍，就是叶旭强被海关关起来了。因为当时还不知道富文华吃回扣，富文华和台湾数控车床大陆总代理沆瀣一气的事情。

邵占维书记曾经来过"慎江阀门"两次，他对"慎江阀门"是清楚的。他马上操着宁波人的普通话和说话习惯，说：

"哦，你们那个叶老板我知道的……他们是上家，你们是下家，关税在你们兜里哎。叶老板可能不清楚。"

邵占维指的上家是台湾厂家，供货单位；下家指的是收货单位，也就是"慎江阀门"。关税是收货单位纳的，所以说，"关税在你们兜里。"

邵占维是农药厂化验员、文书出身，为人随和，是个实实在在的人。他说：

"这是经济案件，不是刑事案件。我和海关关长商量，让叶旭强先出来干活，怎么罚再说。"

邵占维要拨电话。市委办主任站在身边，提醒说，关长在杭州开会，星期五就要退二线了。意思是关长可能不管了。不想邵占维批评道：

"你讲这个话是什么意思？星期五退二线，今天就不是关长了？明天退二线，今天还是关长，他还有放人的权力！"

王碎青说：

"在电话里，邵书记对海关关长说：我到过'慎江阀门'两次，赵一德市长也去过，乐清领导也向我汇报过，我对'慎江阀门'是了解的，对叶旭强这个人是了解的。他是有情怀的，不是一个贪钱的人。你先让这个人出来。如果他有罪，他也跑不了。尽管你们海关有公安，我也叫温州公安盯着他。经济上怎么处理，这是你的权限，你可以把这个权限用足，法律用足，我大力支持。但人要先出来。不能动不动抓企业家，温州有几个真正的企业家？我们温州地少，纳税不轻，不少企业家已经跑到外省甚至外国了。现在省里的政策是"纾困惠企"，爱护企业家。企业家对温州很重要。抓了叶旭强，别的企业家人心惶惶的。所以我和你商量，你们是否可以先放人。这不是我捞人，我是站在温州主官角度上讲话。"

王碎青又说：

"当时邵占维书记打电话，我们都站在身边。我从洞头宣传部退休了，是个平头百姓，他没有让我们回避，直接打电话。温州上千万人的城市，作为市委书记，事情那么多，他能以大局为重，冒着风险为叶旭强担保。真叫我感动啊！"

王碎青又说：

"当时电话那一头海关关长的话我听不到，后来，叶董出来之后，我把邵书记这些话讲给叶董听，叶董很感动，流泪了！"

当天，王碎青和叶旭强的儿女们，就在海关里等待放人。海关一个副关长很不满，两个经办人非常恼怒。他们说你叶旭强凭什么关那么两天就能出来。

"凭的是叶旭强是温州出类拔萃的工程师、企业家，凭的是叶旭强的人格魅力，凭的是叶旭强平时的点点滴滴。"现在早已离开"慎江阀门"的王碎青还是激动，"乐清市市长姜增尧很早就认识叶董，对叶董可谓是知根知底的。别说邵占维书记和赵一德市长调研过'慎江'，对叶董的为人，大家都是赞赏的。叶董的口碑在，大家都会口口相传的。"

叶旭强后来才知道，他被刑拘后，上海和浙江的朋友赶到杭州会集，商量各种办法，具体是谁出的钱，朋友却不说。

星期一傍晚，温州市里一个处长，把叶旭强接回乐清。坐在副驾驶座上，空气是多么鲜，晚霞是多么美，香烟是多么好！

处长把叶旭强直接带到乐清新世纪大酒店。乐清孙迎建、腾国鹏等朋友在新世纪大酒店开了一个总统套房，又摆了三桌酒，给叶旭强洗尘，压惊。

叶旭强洗了澡，换了衣服，下楼吃饭。大家见到叶旭强，他精神尚好，自是高兴，很快进入觥筹交错阶段，都向叶旭强敬酒。可是，惊人的一幕出现了，只见叶旭强身子摇晃了一下，眼睛一翻，向边上倒去。他晕厥了过去！

大家大惊。慌忙围拢，有人叫"老叶老叶"，有人叫"叶董叶董"。又是灌温水，又是掐人中。有人急叫120。还好，十来分钟，120没到，叶旭强自己醒来了。

叶旭强晕厥了过去，是因为睡不好、吃不好，体质极度下降？还是这当儿突然的欢悦、开心、惊喜？还是想起受冤屈在看守所里的难受、煎熬、恼怒？抑或是两者的对比和碰撞？是生理原因，还是心理原因？恐怕叶旭强自己也说不清楚。

陈文荣说，当时昏厥的场面，那个气氛难以形容，反正大家是吓坏了。

想不到的是，第二天，叶旭强接到乐清市府办公室一个电话，说是市领导请叶旭强一家到乐清巴黎京都大酒店吃晚饭，是市领导有请。一家人去了，乐清市委书记潘孝政、市长姜增尧已经在那里等候了。叶旭强真是说不出的感动。干点事的，或者企业家，只有请别人吃饭，哪有别人请你吃饭的？何况是市委书记和市长！而且自己是刚刚走出牢房之人啊！市长姜增尧为他的事智慧大开，果断找了温州市委书记，才把他解救出来。他叶旭强请市委书记和市长吃饭才对啊。

潘孝政和姜增尧说:"今天请你们吃饭,全是因为'慎江阀门'是乐清的龙头企业、纳税大户,对乐清有大贡献。这几天你们一家肯定是焦虑凄惶,寝食难安。现在叶董出来了,事情已经过去了,老叶要振作起来,向前看,不气馁,勇往直前。"

叶旭强对潘孝政和姜增尧说:"我叶旭强天生是个劳碌命。我不钻技术,不干事情,我自己受不了,没法活。这个你们放心。谢谢你们。"

叶旭强的夫人郑献珍有些哽咽。不久前她对我说:

"阿强很少出去应酬。下午六点半都准时回家,可是那天左等右等等不到阿强,阿强电话关机。我就给大女儿阿乐打电话,阿乐没有接。我又给儿子阿涵打电话,阿涵也没有接。我觉得奇怪了,出事情了。一会儿阿涵电话打来了,说爸到上海出差了。我又觉得奇怪。我对阿涵说,你爸平时出差,都先到家带上换洗的衣服,拎包出门,哪有这样走的?阿涵说这回一个外国客商在上海,要同爸洽谈,客商明天要回国,爸只得马上走。儿子这样说,也不是没有道理,但我心里总是不安。特别是阿乐不接电话,有些奇怪,因为阿乐总在阿强身边。我又给小女儿阿如打电话,看看她是怎么说的。阿如接了,说阿爸到上海了,你只管睡觉。她说的和阿涵说的是对上的。那一夜我还睡得好。到了第二天晚上，我又给阿乐打电话，你爸回来了没有？阿乐说阿爸还有事，还要在上海待几天。我就给阿强打电话，阿强还是关机，打了很多电话，都是关机。我就替阿强想，是否和客人会谈关静音了呢。可是夜里十一点了，我打过去，还是关机。我觉得有问题，我一夜睡不着觉。星期天，阿如一家来了，我偷偷看他们的脸色，他们都是笑笑的，外孙亲亲热热。好像没有问题，有问题他们也不是这样子的吧。星期一，叶浩东老婆来拿阿强的衣服，我觉得蹊跷，为什么阿强自己不回来，而让别人来拿，别人来拿还不如我自己送过去啊。叶浩东老婆只说浩东的车在楼下，阿强喝酒弄脏了衣服，需要换。我也只得把衣服整理好，给她带去。第二天我才看到阿强。那个脸啊，又黑又小，我就知道他出了什么大事，根本不是到上海。后来，他们才跟我说了实情。"

可事情还没了。后来，海关作出了决定，补税和罚款100多万元。两台数控立车被没收！

这实在是太严苛了。富文华和"总经销"合谋走私，蒙蔽了"慎江阀门"。富文华和"总经销"都被罚款和判刑，事情不是查清楚了吗？"慎江阀门"应当没事了。但他们作出决定，你只能无条件服从。

后来，两台数控立车被拍卖。数控立车在"慎江阀门"

两个地方待过。是重型机器，安装时，打桩很深，基础很坚固，落地尺寸都是很精密的。而操作的技师已经熟练。所以，叶旭强决定，"慎江阀门"参加竞拍，把它拍回来。

拍卖场里，经常有"黄牛"。这种"黄牛"就是通内情、故意参加竞拍、得到一点好处的人。从哪里得到内情，一般人不得而知。"慎江"举牌，"黄牛"也举牌。"慎江"急忙央求他，给他一万块钱，请他别举牌了，可是不行，后来说给他三万块钱，他还是不肯，最后给他五万块钱，他才停止举牌。

叶旭强吃一堑长一智，后来购买境外设备，根本不听忽悠了；他自己严格把好关，先后都向海关报备。

哲人说

生活就像一架钢琴：白键是快乐，黑键是悲伤，没有一个人只奏白键。

第十一节

国务院4万个亿，『慎江阀门』居然分得一杯羹。

而泰去否来，叶旭强又得面对痛苦了

过去5年，我们是在持续应对国际金融危机严重冲击中走过来的。我们沉着应对，及时果断调整宏观调控着力点，出台进一步扩大内需、促进经济平稳较快增长的10项措施，全面实施一揽子计划。两年新增4万亿元投资，其中中央财政投资1.26万亿元，主要用于保障性安居工程、农村民生工程、基础设施、社会事业、生态环保、自主创新等方面建设和灾后恢复重建。5年来，新建各类保障性住房1800多万套，棚户区改造住房1200多万套；完成大中型和重点小型水库除险加固1.8万座，治理重点中小河流2.45万公里，新增节水灌溉面积770万公顷；新增铁路里程1.97万公里，其中高速铁路8951公里，京沪、京广、哈大等高铁和一批城际铁路相继投入运营；新增公路60.9万公里，其中高速公路4.2万公里，高速公路总里程达9.56万公里；新建机场31个；新增万吨级港口泊位602个；一批跨江跨海大桥、连岛工程相继建成；西气东输、西电东送、南水北调等重大工程顺利推进或建成；非化石能源快速发展，水电、风电装机位居世界第一；重建后的汶川、玉树、舟曲等灾区发生了翻天覆地的变化。

　　——摘自 2013 年 3 月 5 日《国务院总理温家宝作政府工作报告》

　　这里温家宝总理说到投资 4 万亿元，说明了目的和用途。这 4 万亿元绝大多数分给了国企和央企，比如用于西部大开发，用于振兴东北老工业基地等等，分给民企的有 30 亿元，可谓九牛一毛。2010 年，"慎江阀门"得到了 510 万元技改补贴。极其稀罕，非常难得。

　　"报告"提到了两个词："西气东输""自主创新"。西气东输管道上的阀门，用到了"慎江阀门"；而"慎江阀门"具备了自主创新的能力。"102 项目"较早进入了国家发改委项目库，而全国进入的项目是非常多的。30 亿元人民币，而全国民企那么多，都要分一杯羹，是不可能的。所以，必须经过严格的筛选和审查。对于"慎江阀门"，先是温州市发改委过来审查，后来是浙江省发改委审查，最后由国家发改委评定。

　　审查都要来到工厂公司，看土地，看厂房，看设备，看检测，看发明，看产品等等。两级发改委过来的人，无一人不满意。"慎江阀门"都符合国家文件要求。

　　浙江省当时包装了 60 个项目考察、筛选，结果一共只有8家企业能够上报国家发改委。叶旭强记得，温州是2家，绍兴也有2家，其余4家不清楚。而浙江上报的8家企业，"慎江阀门"排在第一位！

以下是当年经省发改委审定，提供给国家发改委的"慎江阀门"简介：

"慎江阀门"有限公司是一家专门从事阀门设计、制造和销售的股份制企业，产品已经成为中国阀门的驰名品牌，销往世界几十个国家和地区。

公司品牌SJV得到了国际客户的高度肯定和评价，年销售总额位居全国同行业前列，被誉为世界一流的阀门制造商。

从1979年至今30多年来，"慎江阀门"有限公司秉承着"激流勇进、追求卓越"的企业发展理念，科技当先，吸纳人才，目前已成为中国阀门协会副理事长单位、国家阀门专家委员会成员单位、国家阀门标准起草单位。公司拥有先进的机加工中心和国内外先进的各类设备500台（套），具备年产阀门1万吨的生产规模。产品发展到了七大类数百种。更多的新一代产品正在不断研发即将问世。

公司拥有几十项发明专利，先后取得美国石油协会、挪威船级社、欧共体、英国劳氏公司和国家核安全局等一系列国内外权威体系认证，与世界同行业紧密接轨。

目前公司拥有员工480人，中高级技术人员80多人，公司占地面积9万平方米，生产车间和辅助用房10万平方米，由三大主要生产厂区和12个生产及管理部门构成。同时公司采用了系统信息技术与先进管理思想于一身的ERP现代企业运行模式，使企业更加合理调配资源，改善企业业务流程，提高企业核心竞争力。

公司已经走向国际化的发展道路，将以世界先进的生产工艺和管理水平，打造全球阀门的中国品牌。

多年来，公司不断加大技术研发投入，先后进行了多项技术合作与新技术引进，1996年从美国引进MEC0450、MFI0101耐磨材料，并将航天喷涂工艺应用在阀门产品上，成功地开发出可耐温750℃的不锈钢高温耐磨阀，应用在炼油厂的催化、裂化装置上，解决了炼油行业长期未能解决的难题，填补了国内空白。近几年又成功研制出大口径全焊接球阀、特大口径快装上装式球阀、耐高酸性介质的镍基内衬球阀、高压差耐腐蚀液动角式节流阀、管线平衡式旋塞阀、高压临氢阀门、大口径低压降轴流式调节阀、特大口径清管式蝶阀、高压耐磨球阀、火电高加三通截止阀、汽轮机主蒸汽调节阀以及井口采油树、防喷器、管汇等一批高新产品,其中30项产品(技术)获得国家专利。

公司经过30多年的不断发展,在阀门设计和制造方面积累了大量宝贵的经验,形成了以闸阀、球阀、蝶阀、止回阀、截止阀、旋塞阀和控制阀等七大系列为主导的阀门产品体系,产品最大口径达到DN4000mm(160″),最高工作压力达到PN138Mpa(20000PSI),使用温度范围为 -196℃~750℃。

在"慎江阀门"的一系列重点设备中,从日本引进的由4台HN80D-FC卧式加工中心组成的FMS柔性加工流水线,其设备精度和性能均达到世界先进水平,在国内同行业中首屈一指。这套世界一流的自动化生产设备,大幅度地提高了劳动生产率,也大大提升了产品质量。

spark-26dsg型喷漆烘干设备,是国内阀门行业最先进的喷漆生产流水线。自动化空气等离子焊接设备。美国进口的林肯焊机大型自动埋弧焊设备其焊接质量达到了先进水平。

"慎江阀门"还具有qc-01球面机床、LP3021龙门加工中心、YCM-V116B立式加工中心、t6913d

纵叙:从『路漫漫兮修远』,至『空中闻天鸡』

落地镗铣床、大型立式数控机床 DVT-S350 等设备，均达到国内先进水平，为实现精良制造提供必要条件。

近年来，"慎江阀门"有限公司投入大量资金，建立了完善的质保体系，产品检测设备和检测种类代表了"慎江阀门"精准的质量控制水平。

公司建立了金相试验、磁粉探伤试验、超声波探伤试验、理化试验、γ射线探伤试验、弹簧拉伸试验、渗透试验、硬度试验、拉伸试验、真空试验、低温试验、氦质普测漏试验、防火实验等。在检测设备中，从德国进口的快速光谱分析仪达到国际先进水平，以其优良的性能在产品的质量检测中大显身手。

山高人为峰，人才是企业发展的重中之重。"慎江阀门"在重视硬件建设的同时，高度重视人才的引进与培养。来自五湖四海的一批批高级技术人才，纷纷加盟到"慎江阀门"的发展建设中来。

天下精英，济济一堂，他们精诚团结，献计献策，使公司在同行业公平竞争中占据优势。

公司还不断地从全国著名院校招收优秀人才，培养人才梯队和后备力量，对各类专业化人才进行长期的技术培训，为公司可持续发展打下坚实基础。

30 年栉风沐雨，是一个个精彩的瞬间。

30 年不变的信念，是一幕幕难忘的画面。

30 年的创造和提升，使得"慎江阀门"已经发展成为中国阀门行业的排头兵和佼佼者。产品广泛应用于石油、化工、天然气、核电、船舶、电力、冶金、水处理、食品加工等众多领域，成为全国阀门重点生产单位，已经将优质的服务拓展、延伸到了国内外更多的行业。公司在海内外相继设立研发机构和办事处，打造中国名牌、世界品牌。

有远大抱负的"慎江阀门"人，将带着荣誉和信念再度出发，朝着世界顶尖的阀门制造发展方向不断地迈进。

SJV 品牌是属于中国的，也是属于世界的。

当时申请的技改补贴，目标是 1000 万元，浙江发改委是很赞成的，国家发改委先期都很认同。"慎江阀门"先后去了两次，第一次叶旭强、王碎青和公司一个"高工"去了。轮到评审浙江企业时，"慎江阀门"展示了必需的材料，浙江发改委也做了重点介绍，专家都很满意，通过的时候，是面对面的，"慎江阀门"的人也在。认为"慎江阀门"的项目是可行的，有成效的，是符合国家规定的。国家发改委有个联络员，是个小姑娘，她好几次透露，"慎江阀门"的申请很顺利，可以放心。请她喝茶，她说不必，说专家们都认同你们"慎江阀门"。但是第二天来电，说有专家提出，"慎江阀门"的项目太大，认为西气东输长输管线上的阀门直径很大，用不了那么多阀门。这是"背靠背"评议时，一位专家提出来的。这结果，项目被砍掉了一半。所以，只给了"慎江阀门"510万元补贴。——温州另一家企业，得了160万元。

对于"拦腰斩断"，叶旭强也不便向专家申述请求。中间内幕，不甚了了。

叶旭强说：

"我们这个项目整个是2个亿，其实，后来我们不止做了2个亿。但一个专家一句话，就把我们给砍了一半。真是没有办法。但这510万元，也是不易，这钱拿来技改，是不还的，也算是天上掉下的馅饼了。我捡到的还是浙江最大的馅饼。"

不久，"102项目"其中一款产品，获得了浙江省科技发明一等奖。奖金80万元。而且，"慎江阀门"还在浙江科技厅召开了多场产品鉴定会。

同年，"慎江阀门"又获得了浙江经贸委技改补贴100万元。

紧跟着，乐清市人民政府给了"慎江阀门"奖金100

万元。

2010 年一年，790 万元人民币，流进了"慎江阀门"的口袋。

叶旭强悲戚地对我说：

"2010 年这一年，春天、夏天、秋天下来，喜事连连，对我们公司来说，鼓舞很大。但是这一年 11 月，大不幸的事情发生了，我的四弟叶旭海病故了。那一年，他只有 49 岁。我家阿海很勤劳很勤劳，也聪明，和我大哥一模一样。我也不知道是怎么回事，上天专门和勤劳的人过不去，和善良的人过不去，和我家过不去。"

前文写道：他的哥哥 33 岁，横祸而死。现在又出这等事，真是痛苦！

叶旭强说：

"他在乐清人民医院拍了片，院长就打电话给我了。说情况很不好，根在胃部，苗已长到肺里了。这种癌很凶险，如同胰腺癌。当然转到上海华山医院去，上海的诊断和乐清的没有什么两样，且说做手术也没有任何价值了，不做手术可能还好些。我还不死心，托人找了这方面最权威的专家，专家也束手无策。"

我为此特意问了温州医科学院一位病理学教授。我说一般来说胃癌首先是向肝部转移的，但首先向肺部转移的，来势凶猛，病理学上应该怎么称谓此病？他说我没有看过片子，这病可能属低分化胃癌，如印戒细胞癌。还说，这种病大多发生在劳累过度的人，特别是中年人身上。这种人经常不注意营养，休息不足。

叶旭强又说：

"我出差乘车的时候，几次看到路边坟地上的灵幡，就想起我的弟弟，还有大哥。心里很难过，很难过。眼泪怎么止都止不住。后来远远地看到有灵幡，我马上转头不看，想别的东西。大家都说勤劳好、勤劳好，勤劳有时会要人命的。"

兄弟四个，失去两个，都年纪轻轻的。叶旭强真是伤心至极。

四弟叶旭海脸色发黄、发黑，上腹不适，胃闷胀，食欲不振，消化功能不良。体重减轻、消瘦和疲倦无力。他平时喜欢喝酒，酒也没有兴趣了。大家渐渐地觉得他有问题。但他总觉得没大事，是胃里的小问题。吃一点胃药，有时也有效。他就更加麻痹大意了。仍然天天往厂里跑。不想病情急转直下，不可挽回。

旭海医治期间，大家对病情都瞒着，只说已经控制。他自己很乐观。他回到乐清人民医院，吃上海带回的药。他一边吃药，一边总是问工厂里的事情。他是负责"慎江阀门"生产的。

叶旭海有三个孩子。1984年，生女儿；1986年，生大儿子；1988年，生小儿子。

大儿子叶际绥，谦和稳重。初中在乐清公立寄宿学校读书，高中在乐清第二中学。2007年，就读上海对外贸易学院。2009年，去和上海对外贸易学院协作的英国中央兰开夏大学。2010年暑假，大学本科毕业。其间在"慎江阀门"车间实习。2010年9月，去英国拉夫堡大学读硕士。后来发现父亲病了，他想放弃到国外，但父亲决意让他去英国继续就读。父亲病危期间，他回国服侍，至父亲11月16日病故。他现在公司管理外贸。

他说：

"小时候，我每天起床，父亲已经出门了。他经常早上6点或6点半就开车去厂里。我母亲前一夜已经做好米粥，吩咐他早饭吃了走。他都答应，可上午一起来，穿衣开车走了，有时在路边买个包子，一边开车，一边吃。发货时，他总是在场，看着装运，生怕有什么差池。我母亲原是公司的出纳，要父亲年年体检，父亲不听。一次总算做胃肠镜，麻醉了，嘴里还是喊'大家开会'。"

叶际绥又说：

"我的父亲抽烟喝酒，也可以说嗜酒。谁到我家，他一概热情招待。有求于我们的供应商也好，公司里的中层干部也好，一般工人也好，只要来客，他都会买菜置酒，劝别人喝，自己也没少喝。大家都是朋友，大家都愿意为公司出力。"

小儿子叶际俊，快人快语，很显能力。小学三年级从七里港转到乐清城里读书，是乐清七小，住在堂叔家，堂婶为七小政教室主任。初中在乐清实验中学。初二下半年成绩下滑，父亲把他转到乐成公立寄宿学校。高中就读乐清中学分部。2006年，浙江机电学院毕业即到"慎江阀门"。现在是公司副总经理，管生产和原材料采购。

他说：

1998年9月20日，台风"陶德"在台湾东南部北上，眼见抵达日本，又转而急向西南，以罕见的路径回旋，向乐清和台州扑来。台风往往带来大暴雨。我父亲带领工人扛沙袋。沙袋向上压在屋檐屋顶，下面叠到仓库一楼一米多高。夜里饿了，大家只吃方便面，方便面倒在面盆里，在脸盆里舀吃。工人们却说：

"太爽了！"

"工人们愿意跟着我父亲干活。"

他还说：

"我的父亲很要强。有个工人叫王栋，有技术，有能力，和我父亲关系蛮好。有一天赌气，离开'慎江阀门'到别的厂去了。我父亲知道后，径直到别的厂去，把他揪回来。现在王栋是中层干部了，管售后服务。"

"当时'慎江阀门'的原材料供应商很多：福建的福鼎、丽水的青田、温州的瑞安和龙湾……2005 年，我父亲向伯父提出，向一家两家供应商倾斜，从质量和价格上选择，得到伯父的赞许。后来选择了浙江金晶铸造有限公司，特别是浙江时代铸造有限公司，合作接近 30 年了。这样，质量也好了，价格也优了。"

他还说：

"到现在，有人还对我说，遇事要向你爸爸学习。"

许多人说，无论祖辈父辈还是叶旭强一辈，叶家人血管里，都流着勤劳和聪明的血液。

我先后问了叶际绥、叶际俊，你父亲有没有遗嘱留下。他们说没有，弥留时也没告诉他病情。他和我伯父谈天，和我母亲谈天时，只说留下一个儿子在公司，一个儿子在外面打拼。他过世时，我们还没有结婚，姐姐结婚了，他看到过外孙女。

他们说，曾和伯父一起到金光岙陵园，为父亲扫墓。父亲勤劳苦拼，有祖父的基因，也有大伯父、二伯父的影子。但我想，他们父亲只活了 49 岁，寿命实在是太短了。

无疑，四弟叶旭海的死，对叶旭强打击很大。

叶旭强中饭从来都是在公司食堂里吃。我在他们公司食堂里吃了多顿饭，他只陪我吃了一顿饭。他从来都是和一个胖乎乎的人一起吃饭。这人叫叶际隆。开始，我以为这人是工程师之类。公司总经理叶浩东说，这人是农民，家庭拮据，却是叶旭海生前最最要好的朋友。我问是不是你们的堂房宗亲，叶浩东说无法考证，如果是，那也是不知远到哪里去了。叶浩东说，叶旭海去世后，叶旭强就把这个人接到公司上班。这人不懂技术，那就打杂吧，十来年都打杂。

叶旭强说，自己的三弟叶旭博也是个任劳任怨的主。他当年在洞头学过机械，后来在乐清仪表三厂学过做阀门。厂子做大了，四弟旭海管生产，旭博就去管采购了，采购原材料，采购阀体。后来上海业务拓展大，增设门市部，销售需要人，公司派旭博去。这事虽生疏，但总要有重要的人去管，旭博就去了。当四弟叶旭海去世，叶旭强让他回来管生产，他又回来了……

哲人说

即使人生中最黑暗的时光，也一定有一道光能把它照亮。你自己就是那道光。

第十二节

寒冬已过。儿子叶际涵作为行业的唯一代表出访美国。这是『慎江阀门』的一个高光时刻，也是叶旭强的荣耀人非圣贤。

世事难料。

叶旭强毫不讳言地说，自己平生一大憾事是不擅理财，以致陷入了"联保贷款"沼泽，好几年伤透脑筋，心情沉重。这个教训很大。

他认为自己独裁，是自己一个人犯了错误。而有人对我说，"慎江阀门"这条船主要是叶旭强打造和经营的，他是舵手，其他人都是水手。几十年来，他做的决定和决策，任何人都没有异议，没有反对的声音。之所以这样，公司的决定和决策，只有他一个人去做了。这是非常要命的。叶旭强现在认为，一家公司，一个地方，领导层都要有不同的声音才是，主要领导人也要有人监督，因为一个人的智慧总是有限的，有些事难免看不清，看不明。他觉得这个教训非常深刻。当然，那时的金融危机，别说普通民众，就是经济学家，又有几人能够预测呢。

是的，叶旭强平生用心在事业上，在阀门上，在阀门的技术、阀门的生产、阀门的销售上。世界政治和经济的气象变幻莫测，他对来势汹汹的金融风暴缺乏认识，对个别人的不厚道、不负责任、自私自利更是缺乏了解和研究。

他所说联保贷款，是他的"慎江阀门"和乐清其他四家公司联保，向银行贷款。数字是惊人的。这里有亲戚，也有朋友。叶旭强已经不想说这事，四家公司只有一家公司还清了自己的贷款，其他的都要"慎江阀门"去擦屁股，把钱还清。

何谓联保贷款，有关文件是这样说的：

联保贷款全称为个人联保贷款，是国家为了解决个人贷款担保难而设立的一种贷款品种。没有直系亲属关系的人，在自愿的基础上组成一个联合担保小组，彼此之间互相担保。因此被称作联保。这一贷款品种方便了那些不好找担保人，但是又急需贷款的朋友，很实用。

但是由于担保的这样一种特殊的形式，这个品种的贷款在投保时还是有很大的风险，主要体现在联保贷款额度大、货款账户多，没有有效的可变现的资产作为抵押，一旦小组中有一个人出现了问题，就会有风险，而且难以得到有效的赔偿。而且小组成员彼此之间不熟悉，如果有人不能按时还款，其他人必须代为偿还，但是这种时候大多数人都是不愿意的，这可能会引起银行采取法律手段。

　　国务院投资 4 万亿元人民币，给民企 30 亿元，在温州，民企比重极大，民企要发展，要前进，只有向银行贷款。或者说，没有几个做大做强的民企不是举债经营的。"4万亿"很多钱到银行，银行当然要贷出去，2008—2009年的大规模信贷扩张，这是一个重要原因。银行的表外放款、各种委托贷款和民间借贷都开始快速增长。不久另一端，社会出现通货膨胀，政府却进行任性管控，首先对民营企业抽紧信贷。这结果，受影响，受打击的就是民营企业，尤其是小微企业，并波及龙头企业。由于实业的低迷，很多企业和百姓热衷于资本运作，钱借出去了，却回不来，就导致资金链紧张甚至断裂。资金链断裂会有一个传染效应，原本要把钱还给上家，还不了，则上家也要对上上家违约，这种事情一多，涉及的资金额大，就会导致崩盘。

　　2010 年冬天之后，慢慢地，温州出现金融危机，出现很多的"跑路"和"跳楼"，对温州经济、人心打击很大。这是温州社会之殇。世界经济学说，市场经济是自由企业制度，政府不能觉得民企不行，就蔑视它、排挤它。政府该做的是维持一个竞争秩序，包括维护经济政策的前后一致性，对每家企业都一视同仁地实行低税。竞争政策、竞争秩序是产业发展最好的产业政策。

　　可事情并不是这样。

你可想象跳楼者在临死前的苦难、惨痛和挣扎，谁不想活着，谁不想好好活着？无奈去死是保持个人最后的尊严。而"跑路"呢，大多是以逃避的角色，以人格丧失为代价，混迹他乡，流浪天涯。"慎江阀门"参与的五户联保者，就有一个企业主远走境外，据说样子还很逍遥。

在金钱面前，最能表现一个人的人性。因为金钱最容易使人心智变形、心灵毒化，行为丑陋，最容易把人变成魔鬼。有的人急忙转移或藏匿财产，有的人变更法人、变更公司名称，或者故意倒闭，搞虚假破产……

"慎江阀门"怎么办呢？

叶旭强的态度是：对银行逼债，是我的责任，我不逃避，我都负起来。欠债还钱，天经地义。他一定依法还款。对自己企业，一定要稳妥处理，"慎江阀门"要巩固生产，生产一刻不能停顿。

但，这事对叶旭强打击太大了。他常常夜不能寐，绞尽脑汁，真是心力交瘁。

叶旭强夫人郑献珍说：

"那段时间，夜里阿强经常突然坐起。然后下床，在那边沙发上呆呆地坐着。半天，掏出香烟抽起来。有时久了，在沙发上睡着了。有时醒来，又回到床上再睡。奇怪啊，有一天，我怀疑他是不是外面有女人啊。问了他的朋友，他们都笑起来。说别人外面有女人，那说不定，你阿强是绝对没有这种事的。"

而叶旭强说到这件"伤筋动骨"的事，更多的，是赞扬他的朋友：

"债务盘根错节，银行逼债厉害。多少朋友为我的事情，没日没夜地操心！为我借钱还在其次，重要的是他们去打通政府，和银行谈判，把法理情理说透，给我缓解压力。我也不知道我前世今生做了什么功德，我对朋友也没有特别地好。他们对我可真是太好了，太好了！"

他感叹说：

"我有十多个生死朋友。生死朋友啊！"

但他语焉不详，不愿意具体说是某某某、某某某。我也不为难他了。但和叶旭强大女儿叶仁乐多次的谈天来看，有一个人是肯定的，那就是董光亮。

仁乐是个聪慧、能干的女孩。原来她只是负责财务，王碎青离职后，她兼管"外交"。她和人接触，总是呈现谦和的微笑，话语慢却清亮，说得非常在理。给人的感觉，说话和鲜花一样美丽。

她说：

"董光亮叔叔动辄就是打来两三千万元。许多事情，他主动去解决。还有乐清新亚电子有限公司的赵叔叔，我父亲曾给他打了电话，他对我父亲说，以后还需要的话，你就叫你女儿仁乐找我就行。后来都是我找他，多次借，每次都在一千万元以上。有时上午给他一个电话，下午四点钟之前，两千万元到账了；他知道，银行四点半许是要打烊的。其实资金他也是从别处调来的。他不需要收条，而且不收利息。有一天，我买了一斤冬虫夏草给他，略表心意，他坚决不要，说见外了。"

仁乐又说：

"还有一个胡叔叔，还有宁波一家钢材公司的郑叔叔，还有多种经营、以房地产为主的支叔叔，都在'慎江阀门'艰难时刻，伸出援手。农历过年的时候，总是资金最为艰难的时刻。有各种必需的应付款，如购买原材料的钱，发放工人工资，都是绝对不能拖欠的。我给支叔叔打了电话，说明周转时间起码要一个季度以上，支叔叔二话没说，马上打来两千万元。"

银行有招，经常是说得很好，还了可以再贷，马上可以再贷。但已经还了，就找不到人了，找到人了也没有用了。ZG银行某支行是最叫人受不了的，原来要求"慎江阀门"借款时，丑态百出，后来逼债打官司也是痛下杀手，逼人过甚。对于这种情况，仁乐也很清楚，也很理解。

但是叶旭强把该担当的担当起来，绝不推诿。别人"巧诈",他宁愿"拙诚"。即使代人受过,他也要依法办事,也要把自己的"人"字写好。

叶旭强儿子叶际涵说:在"联保诉讼"中,乐清市法院表现得比较公正。法院对被起诉企业有两种政策:帮扶和打击。法院对"慎江阀门"采取的是帮扶。

法院通过深入调查,包括和叶旭强谈话,认为"慎江阀门"是积极而有前途的企业,而叶旭强从来是个诚信可靠、品行端正的人。法院让银行和"慎江阀门"达成谅解,分时还款,利息照付。

叶旭强说:

"我觉得温州和乐清的历届领导都不错,都能掌握全局,看得远,把握好地方经济发展方向,能够帮助地方企业健康发展。"

"2007 年,102 亩地批下来,我们要建那么大的厂房,还要买更先进的设备,需要很多钱,当然要向银行贷款。我们原先跟农行打交道比较多,我们要贷款 3 个亿,农行很高兴,对他们来说,这是块肥肉。但当时我们还没有土地证,他们程序烦琐,要求高,利率高。这事让乐清中国银行知道了,他们愿意走快速通道,要求低,利率低。我们去办了一个临时土地证,就把贷款申请交给了中国银行。三年时间内无须还款。但三年时间过得很快。这中间我们

170

和农行还有往来，因为出现'联保'的事。我们老厂房是抵押给农行的。金融风暴来了，银根收紧。为了解决'联保'的事，我们要求贷款额度提高，而国家要收紧银根，这不是矛盾吗，难度很大。我当时想，我有那么大的厂房，为什么不一分为二，把产权证分割成两个呢？当时温州市帮扶企业领导小组到了'慎江阀门'调研，问我有什么困难，我就提出这个想法，他们点点头。后来乐清市就我们'慎江'的事专门召开了协调会。市委书记潘孝政亲自主持。因为'102项目'开始后，他一直联系'慎江阀门'，这很难得。把一个证分成两个证，这种事的确没有先例，温州没有，乐清更没有。所以，会议上，土地局局长、房管局局长都反对。潘孝政书记就对我说：'老叶，你要分成两个证，怎么分呢？'我就站了起来，说按区块分，从哪里到哪里分割。书记微笑着。但几个局长明显不快，这事很正常：没有先例嘛；也许那天我的喉咙粗，手势也猛，可能得罪了几个局长。当天没有决议。退场后，我就打电话给董光亮，说你去找找两个局长，说说好话。董光亮跟他们很熟，晚上就到他们家去了。做了一些解释和请求。两位局长也通情达理，算是特事特办。后来分开办了两个证。当然，这跟市委书记的态度有关系，他积极支持我们'慎江阀门'的发展。"

"再举个例子来说。乐清市管金融的副市长徐海严，他在我们"慎江阀门"日子难过的时候带领乐清金融办和各大银行负责人到我们这里调研。调研的结果，认为'慎江阀门'是乐清高端优秀企业，如果需要贷款，银行必须支持。他不是'空口说白话'，回去后，亲自为乐清市人民政府起草了一个文件，'慎江阀门'所借的款，乐清市人民政府可以担保。徐海严自己签字，市长也签了字。文件就这样发下去。他们没有抽过我的一支烟，没有喝过我的一杯酒，这样帮我们'慎江阀门'，我很感动。"

我见叶旭强眼里有些泪光。

叶旭强又说：

"徐海严非亲非故，为什么对我们'慎江阀门'这么好？他做了充分调查，我们'慎江阀门'是一个很有前途的企业，而且乐清的发展需要我们这样的企业。我从前抱怨过政府，现在也听到许多人对政府有意见。我现在观念有变化，我觉得共产党内许多人很好很好。"

叶仁乐说：

"乐清市法院对我们的态度是帮扶，乐清市政府对我们也是帮扶。乐清市政府帮扶的重点企业，原先是 8 家，后来缩减为 5 家，我们'慎江阀门'排在第一位。"

话说叶旭强一位姓陈的朋友，他的低压电器企业，在乐清是很大的。他原是乐清第一家上市公司，他本人是乐清市工商联主席。他的企业在这场金融风暴中，为人担保，结果是轰然倒塌，宣布破产。

东边太阳西边雨。叶旭强接到国际商会发来的通知，请"慎江阀门"以中国阀门行业的代表，作为中国80位企业家代表之一，随同国家领导人出访美国，参加中美经贸论坛。叶旭强高兴，这是"慎江阀门"的荣耀，也是他叶旭强的荣耀，认为也是他叶氏家庭的荣耀。叶旭强即让儿子、中国慎江阀门有限公司副董事长叶际涵与会。

2011年1月17日，这支庞大的企业家团队启程，叶际涵是唯一一位80后的企业家，成为历年来随同国家领导人高端出访的、最为年轻的企业家之一。

叶际涵要跟随国家领导人出访，自然是激动的。激动之余，他想得最多的是国家领导人会说些什么，自己在会议上感受到什么，体会到什么，还要从其他79名企业家那里学习些什么。这个年轻人还考虑出行得体，考虑到出席大会和受国家领导人接见并合影时的正装，主要是考虑服装的颜色和西装领带的搭配。他认为整个搭配一定要"跳"一些，也就是耀眼一些。他要展示中国当代企业家特别是年轻一代企业家的形象，还要让人记得，他是"慎江阀门"的代表！但不能乱"跳"，"跳"得有度，不能艳俗，和国家领导人一起，更不能喧宾夺主。呵，精心地挑选，上了美学的层面。为此，叶际涵的爱人和两个姐姐都忙开了。

到了美国之后，中国企业家代表团下榻在芝加哥希尔顿酒店。在芝加哥的摩根会议中心，叶际涵等80位企业家参加了在那里举行的中美经贸论坛。在论坛现场，曾经参加过各种经济论坛的叶际涵，那天的心情却是异常地激动。

在摩根会议中心，叶际涵聆听着国家领导人的发言，他全神贯注，又非常兴奋。国家领导人在主席台上，他在下面的会场中央，叶际涵感觉自己与国家领导人的距离是那么近。国家领导人在台上的发言语气很温和，简练通达，在情在理、实事求是，把问题说得很透辟，又恰如其分，大国领袖的风范展现得淋漓而饱满。

20日这一天，他和其他企业家代表一起，来到华盛顿半岛酒店，国家领导人接见了他们并合影。握手是那么亲切和温暖，年轻的叶际涵说，这是他终生难忘的日子。合影时，他紧靠着国家领导人，站在右后方。照片上，最夺目的，还是那条领带，红色中间配以白纹。

叶际涵说，在美国的那几天时间里，他处处注意着自己的言行举止。因为，他代表的不仅仅是中国企业家的形象，也代表着中国这个世界大国年轻一代的形象。美国之行，是对"慎江"的巨大肯定，是无字的荣誉，也是温州人的骄傲。

这次随同国家领导人出访美国，除了能近距离地领略领导人风采，参加中美经贸论坛之外，叶际涵秉承父亲之意，内心还有更为庞大的计划，那就是将"慎江阀门"的产品全面地打入美国高端市场。

美国休斯敦是全球最大的高端阀门市场，多年以来，这个市场一直被发达国家所垄断。为了使"慎江阀门"顺利打入美国休斯敦市场，早些时候，叶旭强将新注册的"SJV"商标在全球进行了注册。另，他又在休斯敦租下了一个3000平方米的立体仓库，改变了以往阀门企业只接单生产的贸易方式。

20世纪90年代，"慎江阀门"慎江阀门进入东南亚市场，都是"贴牌"的，2003年始，"慎江阀门"终于以自主品牌进入了市场。2006年和2007年，在国际市场中取得很大的份额。2008年，"慎江阀门"参加中美援助伊拉克的项目，成为进军国际高端阀门市场的开端。而今，早已取得API认证，全面进入美国高端阀门市场成为"慎江阀门"的主攻目标。"慎江阀门"集团已经与美国的国民石油公司和雪佛龙公司等大型企业建立了战略合作关系。叶际涵在美国考察多日，"慎江阀门"集团将以休斯敦立体仓库为核心，全面进入美国高端阀门市场。

我接触的叶际涵，说话不多，一脸坚毅极似他的父亲，言行中透露出有思想，也极似他的父亲。父子在一起，大多时间沉默寡言。事业心比天还大，又是父子的共性。从言谈里，我感觉到老子是非常信任儿子的。

叶旭强感到荣耀。这份荣耀来自他所从事的、热爱的阀门事业。

荣耀也从对比而来。是的，叶旭强的第一份工作是做砖坯。夏日暴晒，冬雪刺骨，他干起来还是有劲，什么工作都能做得比一般人好。自己的中农成分，特别是叔父是国民党军官，受了镇压，这其实和他毫无相干，可叶旭强青少年时一直被人歧视。他热血沸腾，他要参军，要保家卫国，可是当年征兵的干部说他没当兵的资格，在报名参军的队伍里，他被人拽了出来。现今，他做阀门做到了中国顶级，他自己成了中国顶级阀门专家，中国·慎江阀门有限公司被共和国重视，儿子跟随国家领导人出访美国，儿子荣耀，也是他叶旭强的荣耀。这种对比，云泥之别，他真是浮想联翩，热泪盈眶。

逆风的时候，更适合飞翔。我不怕千万人阻挡，我能飞得很高很远。

第一部分

纵叙：从路漫漫兮修远，至「空中闻天鸡」

第十三节

『慎江阀门』的数字化、网络化、智能化管理，
是叶旭强下的极具战略意义的一步棋

岁月流逝，一月又一月，一年又一年。"慎江阀门"顺风顺水，平稳前行。找上门来的客户，投标得到的订单，总是足够。利润和荣誉总是可观的。

叶旭强认为，做企业就是逆水行舟，不能故步自封，科技创新的脚步不能停。所以，他一直招募科技人才，购买各种尖端的新设备。2020 年，"慎江阀门"又买了三台专机、两台自动焊机，还有一套锻件送料机，还对一些设备进行了改造和升级，比如对镗床。

从 2019 年开始，叶旭强感觉到"慎江阀门"要大步前行，走在阀门界的前面，巍然不倒，企业管理水平必须要再次跨越和提升，必须要进行信息化建设，走出一条创新之路，那就是管理的数字化、网络化、智能化。为此，叶旭强自己或派人开始了密集的调研。

董事长助理、博士李慧说：我们先后与多家科技骨干公司进行了连续的技术交流，比如鼎捷、汉得、瑞典莫尼特、电信移动运营商、深信服等。逐渐形成以 MES 制造执行系统、WMS 仓库管理系统为核心数字化建设方案，同时通过超融合服务器、企业云、5G 等新技术的应用，真正实现精益生产落地，以进一步优化产供销协同联动，实现信息化向数字化、网络化和智能化的跨越。

李慧又说：智能化执行系统的上线应用，对企业是一个巨大的挑战，目前上线的中国所有企业成功率大约为50%，许多最终沦落成看板、展板，丢掉了信息化数字化助力生产的真实意义。项目调研过程中，我们不少人曾对是否上线存在疑虑：上不成怎么办，这么多钱的投入、这么大的人力物力资源的投入是否值得。

但，叶旭强的决心很大，决不放弃。他的态度是：上下求索，稳步前行。

2020年9月，公司完成超融合服务器和企业云签约。同月，钉钉与门禁系统打通，实现考勤自动化。10月，集成计算、存储、网络和网络功能（安全及优化）标准超融合单元上线，有效解决数据风险高、运营成本高、核心数据分散化和本地化的问题，为后期新系统导入奠定扎实的基础。

2020年，公司获得"温州市两化融合示范试点企业"。乐清仅有4家企业获批，这是对我们多年信息化建设的认可。

目前MES制造执行系统、WMS仓库管理系统已经进入最终供应商选择阶段，技术和商务层面的内容已经完成，预计2021年10月可以全部上线应用。

李慧说，"慎江阀门"始终在克服困难中前进，前行的路上有想到或者想不到的困难，但是有叶旭强这样务实的、有钻研韧劲的、追求完美的领导引领，相信许多大事终将成功。在这回软件刻制过程中，"慎江阀门"不仅立足于解决当下问题，而且，工程图库、全周期追溯、资料自动搜集和打包、过程无纸化等新的想法的落地和实现，企业的管理水平也将提升到一个新的高度，相信这将是行业的一个新的亮点。

企业的数字化、网络化、智能化管理，是叶旭强极具战略意义的一步棋。

2024 年，叶旭强阀门智能化生产又拿下一城，智能流水线投产，产线创造性、自动化程度都很高，在行业内也是第一次实现，董事长助理李慧写了叶旭强这一发明的简介：

针对特种阀门重、大、精的制造特点，对现有生产工艺流程进行优化和设备升级改造，应用 13 台加工设备、1 套桁架、2 个桁架机械手、2 套 AGV，以及智能线边仓，建成 1 条石化特种阀门智能自动加工生产线，实现阀体端面、外圆、内孔、螺纹、锥孔等工序的精加工。产线在阀体加工专用设备、自动测量设备、卧式车床、加工中心及工装、夹具的基础上，配合智能导轨机器人、智能激光检测装置、智能来料识别技术、智能物料输送技术，通过对产线布局进行设计，采用简洁的线形布局、全自动化桁架串联形式，并根据生产节拍和工艺安排，互为备用备份、实现柔性化和敏捷化生产。

该产线获批"浙江省智能工厂示范项目"，我们申请到了1200万元的政府技改补助，这条产线最大的意义是国内首先实现了阀门无人值守、自动化加工的先例，叶旭强一直坚信设备是将来企业竞争的最大优势，买设备是买不来优势和领先的，这个想法有点像德国隐形冠军企业的一些做法，所以他组织了关键核心设备的制造，产线的成功也证明了他的想法和设计，也坚定了董事长在推动自动化的决心，他认为慎江竞争力来自：信息化提升管理水平和办公效率；自动化保障产品质量、控制成本、提升产能；高效有冲劲的市场部实现多场景、多领域的突破，做到在高精尖有斩获，在常规阀门中形成绝对的市场占有率。

2024年，叶旭强牵头组织的第二次大型技改项目开始启动，6月14日，我们正式向国家发改委申请两重建设产业领域超长期特别国债，项目名称是"年新增3万套超低温深冷工程专用阀门智能工厂技术改造项目"，对口发改委的工业重点领域设备更新改造项目，项目主要包含两条产线（高参数球阀零部件产线、蝶阀自动加工产线）、阀门加工专用设备研发和应用，在设备、工艺、产线、物流、仓储等单元更新自动化的基础上，通过设备MES/

ERP/QMS/WMS 等系统的集成应用，应用 5G、无线和工业互联网技术，实现车间管理的数字化、可视化、透明化、自动化和智能化，本项目将更新淘汰各类加工、焊接和检验设备超过 100 台，实现超低温阀门年 3 万套，新增产值 12775 万元，新增利税 1600 万元。

这三条产线，如果能申请到政府的资金保障，在两年后顺利达产，将有力支撑公司战略转型和发展，我相信我们会成为国内一流的阀门制造企业，为阀门行业数字化、网络化、智能化建设探索新的途径，推动地区和相关行业的数字化发展进程。

同时，叶旭强也在推动了低温蝶阀和超低温调节阀的设计工作。他的思路很好，首先市场部形成对市场产品的把握，吸收先进经验，形成内部的设计指导书，由技术部门组织力量完成系列化和生产工作，最优秀的力量向前，靠近战场和客户，做好内外部衔接的工作。但是我们没有真正了解他的想法，目前新产品还是依靠叶旭强去亲力亲为，我们的液氢等超冷工程领域的超低温阀门研发已经接近尾声，目前严重依赖进口，调节阀国内大装置高度依赖 TOKO（东工）超低温调节阀 T-8800（角式）/T-8810（直通式），长期以来设计、工艺等核心技术受国外封锁，国产液氢阀门在泄漏率、使用寿命、应用业绩等方面，与国外先进产品相比还存在一定的差距。但是我们完成了阀门的基础设计，6月，准备投料制造，今年也将通过型式试验，成为浙江省第一家拿到证书的企业，液氢阀门国产化将来一段时间将成为我们攻关的一个目标。我们已经入选温州市"揭榜挂帅"、浙江省重大科技攻关，包括天津大学、温州大学、浙江理工大学等高校一起参与这次项目中，或许，我希望有一天，大家说到液氢阀门，都会想到"慎江"，但背后离不开老大叶旭强的主导。

附录：

表1　"慎江阀门"数字化和精益生产项目建设目标

序　号	项　目	内　容	进　度
1	软件互通、集成	建设数据标准集成接口、互联中台，实现 ERP/PDM（2012年建设完成）及 MES/WMS 的互联互通，为后期设备联机、供应链管理等信息化升级夯实基础	
2	提高生产效率	1. ERP 和 MES 互联，考虑设备负荷、订单交付时间、毛坯准备等情况，实现生产计划分解、车间派工、班组工序排产智能化，提升设备利用率、调度和派工的准确性。 2. 车间数据透明化，各班组在制工时、入库工时、执行订单、超期订单等数据实时显示，拉动车间排产和进度。 3. 加强工序流转，降低在制零件车间流转时间，工序完成后对检验、转运进行系统提醒和指定，消除计划发放、调度、生产、转运环节大量断点，提升车间流转水平。	

序　号	项　目	内　容	进　度
		4. 基于设备产能和交付日期的自动排产，解决多品种、小批量、多批次订单交付不及时、无法快速回复交货期问题。 5. 自动报工和分析，解决目前进度不透明，工序信息无法共享，导致异常状态无法快速修正、计划人员对现场变化掌控不足，再次调整周期长，物料齐套性差等问题，提升工厂快速响应水平。 6. 以 MES 为核心进行齐套性分析，解决物料准备、工装准备、原料下发、调拨转运等无法准确协调和配合的问题，提高整体协同效率。	
3	质量管理	1. MES 与 WMS 互联，实现过程无纸化、程序化流转，通过原材料质量证书审查、毛坯检验、复验、机加工工序检验、半成品检验、装配检验、成品检验、油漆检验等检验手段对产品质量进行全周期控制。 2. 提高质量追溯性，通过二维码、RFID、电子标签、移动扫描终端等技术，实现质量全周期追溯。 3. 对来料、制造过程、产品售后的质量问题进行管理、追溯，完成不良品的统计和分析，对亟须解决的问题进行安灯处理，进一步确保过程检验全覆盖、故障缺陷快速响应和处理。 4. 质量资料数字化管理，以 MES 为核心，对原材料质量证书、过程检验报告、第三方验收报告进行系统搜集和打包，按订单发送，实现质量管理透明化。	
4	仓库管理	1. 基于 WMS 实现智能物流二维码、RFID、电子标签、移动扫描终端等技术，完成毛坯库、半成品库、配件库、钢材库、锻件库、成品库智能化升级。 2. 入库、移库和领料无纸化流转，解决目前 ERP 人工录入过程滞后导致账物不一致、库位信息不明确的问题。 3. 依托 WMS 系统，完成采购接收、	

序　号	项　目	内　容	进　度
		采购退回、IQC报检、上架入库等过程管理，现场看板对超期滞留物资进行安灯报警，提高检验和入库效率。 　4. 对于塑料、橡胶制品、焊条等保质期有要求的材料，建立安全库存量，根据先入先出的规则设定，降低产品损耗。 　5. MES模块对库存量进行管理，在下单、投产环节对库存整机、毛坯、半成品库存、通用件进行自动筛选和抓取，盘活库存，降低外购零部件、在制品、半成品、成品库存和占压资金方面、进一步降低库存持有成本。	
5	看板管理	1. 订单交付看板，对订单状态进行实时显示，对超期订单进行预警，通过标准接口与客户实现对接，实现进度透明、库存透明，提高服务水平，为集团化客户提供"用户零库存"的服务。 　2. 日计划、周计划、月计划看板，确保计划的落实和执行，过程透明化管理。 　3. 设备负荷看板，对长期超负荷、制约进度的设备进行及时调整和调配，提高设备利用率。 　4. 具备数据连接和视频一体化连接的能力，为国内外客户提供更便捷、有效的服务。	
6	设备管理	1. 提高设备维保水平，MES系统制订维保计划，系统根据设定计划自动推送通知，推送方式包含：邮件、短信、微信、看板滚动预警等。 　2. 设备状态管理，设备看板对设备状态（待修、正常、停用）进行统计和数字化显示，对待抢修设备进行看板滚动预警，提高设备维修响应效率。 　3. 建立备品备件数据库，实现备品备件的出库、入库、领用和报废过程的衔接，建立安全库存量，提高通用零件周转率。	

序 号	项 目	内 容	进 度
7	工艺管理	1. 现场工艺流转卡、图纸、作业指导书自动下发机台，提高图纸下发的准确性和及时性。 2. 过程检验全覆盖，对关键质量点、客检点、认证机构抽查检验点进行系统设置，确保关键点检查。	
8	劳资分配	1. 基于 ERP 财务和 MES 自动报工模块，实现员工每日工时自动下发与校核，月底工资自动结算。 2. 以工艺改进、工装改进、产品质量和效率等评价指标为基础，建立动态的职工能力评价与分级管理机制，实现按级定岗定薪，调动员工的积极性。 3. 通过钉钉、门禁系统实现考勤自动汇总，自动结算。	
9	售后服务	质量全制造周期追溯，以满足美国石油协会日益严格的质量要求，同时依托追溯机制，快速倒查过程记录，及时纠正同批次的质量问题，避免造成进一步的损失，对售后问题做到快速响应，快速纠错。	
10	超融合服务器建设（完成，深信服）	为了解决数据风险高、运营成本高、核心数据分散化和本地化的困境，配合公司数字化转型，公司 2020 年 9 月完成超融合服务器建设，目前已经完成主要系统和数据的迁徙。	完成
11	桌面云建设（正在建设，深信服）	为增强数据安全存储、数据合规访问、提升运维效率，公司正在进行桌面云的建设，第一期 40 站点，正在建设，预计月底完成。	正在实施
12	设备机联（诊断完成）	9 月、10 月我们邀请汉得、鼎捷、上海彰斑来厂重新核查和诊断现有设备，目前的方案： 汉得方案：使用 supOS 工业操作系统平台软件（并发用户 40 个）实现设备机联网和加工中心数据采集及程序下发，中控中心对机床运行工况、程序运行时间、准备时间等进行采集和分析。 其中 9 台加工中心、17 台数控中心具备联机条件，目前拟连接 9 台，增加费用 232500 元。	诊断完成 报价完成

序号	项目	内容	进度
13	工程图库建设（结构确认完成）	为提高标准化的水平，2019 年至 2020 年 9 月，公司完成 8 大类别，659 类主要产品的设计、制造工艺包标准化，经过第一轮的制造、修改和模具制作，配套核查模具 2420 套，具备投入生产的条件。 实施公司将根据产品类别建立树状的产品图库，计划根据下料单完成图纸、模具、工艺文件的快速检索和下发，以实现降低产品复杂度、提高通配能力，减少人为失误。	内部整改完成
14	资料中心建设（资料内容确认完成）	为适应美国石油协会对资料保存不低于 10 年的要求和核电资料全周期追溯的要求，此次要求阀门全周期的设计文件、工艺文件、商务文件、技术变更和往来函件、质量和检验文件、客户验收资料等自动搜集和打包，实现随时调阅、长期保存，彻底地解决了阀门资料散乱、追溯性差的难题。	

哲人说

重要的不是你所站的位置，而是你所朝的方向。

第二部分

横谈：人中一棵参天树

总经理叶浩东，和叶旭强同一个曾祖父。高中毕业。因为父亲去世早，家庭经济所限，没能读大学，但已是堂兄弟中的大秀才了，高中毕业实在是很不容易了。他是随和又友善的人。他是叶旭强培养的得力助手。工作严谨果断，看事精到。和我聊天的时候，经常发出一串介于"呵呵呵呵"和"嘿嘿嘿嘿"之间的音，很有亲和力。但他说他和董事长经常吵嘴，习以为常。吵嘴了，第二天见面叫一声"二哥"，也是发出一串介于"呵呵呵呵"和"嘿嘿嘿嘿"之间的音，因为吵嘴全是为了工作，对事不对人。

他说："慎江阀门"是家族企业。虽然他和叶旭强是堂兄弟，而且几十年一起工作。叶旭强多次说给他股份，他坚决不要。他拿工资，拿奖金，负责干好他总经理的活，公司里的其他事务，他一概不管。公司要发展壮大，要贷款，要盖厂房，要买机器设备，要招募技术人员……和他没有任何关系。他没有后顾之忧，不必深虑远谋，不必为公司的事夜不能寐，他省事。我个人非常赞成他的做法，清清爽爽，以为是快意人生。

他说：三个兄弟叶旭强、叶旭博、叶旭海，股份占比是四、三、三。

叶旭强规定，公司不分红。所有人拿工资。股东需要钱，如购房、置车、办婚事，可以向财务支钱，工资扣除。

第二部分 横谈：人中一棵参天树

从金丝河猪圈到现在的 102 亩厂房；技术人员从几人到现在的几百人，中间有博士，更有硕士；从原始的机床，到世界先进的制造设备和检测设备；从上门推销产品，到欧美占有"慎江"产品不菲的份额，叶旭强追求世界顶级阀门企业的脚步还没停止……

叶浩东说：我这三个堂兄叶旭强、叶旭博、叶旭海都是非常好的好人。聪明机智，勤劳奋发，坚忍不拔，通力合作，才有现在的"慎江"。兄弟间也不是完全没有龃龉，而人非神仙，在风云激荡的时代，作为董事长，叶旭强高屋建瓴，远见卓识，但决策也有失误的时候，但兄弟们都能团结一致向前走。

叶浩东又说：实际上，叶旭强又是一个非常简单的人，他的人生用"奋斗"俩字也可概括。但他出身农民，在七里港这片巴掌大的土地上，能有这样的成就，太不容易，实是奇迹。

叶旭强中等个子，一米七一二的样子。头发黑白参半，七十出外的人，思考过多的人，大抵如此。鼻隆、耳长、为他的面貌加分不少。他的眉毛近似三角，长得粗黑葳蕤，脸庞模样有棱有角，很有个性，有男子的坚毅，有男子的深邃和力度。

他的穿衣是马虎的。或者说，他的衣服是好料子，是好品牌，但他不会把衣服穿好。我见他穿的多是西装，可穿在身上就是没有西装的样子。我想，他知道衣服穿好了，但根本不知道穿在身上的是什么料子，什么牌子。他跟我聊天的时候，常常把袖口一撸，你看，那西装还是西装吗。他两次在我面前走，那是热天，他的一只裤腿高高扎起来，凉快是凉快，但好像和堂堂董事长很不般配。我想起他的第一份工作做砖块，寒冬苦夏，雪里风里，高卷裤腿，滋啦滋啦踩泥巴。但，老实说，我看到是蛮舒服的，真实，本色，不装，一个人天天西装革履，衣冠楚楚，人模狗样，累不累啊。在自己的厂里，工人要的是工资待遇，董事长要的是大家把活儿干好。

他的小女儿叶灼如说：

"近年来，我父亲的衣服都是我和我姐姐买的。我们都买好的品牌衣服给他。他穿的衣服，的的确确是我和姐姐挑选来的名牌衣服。前段时间，也给他买了爱马仕的，可穿在身上，就是没范，怎么看也不是爱马仕的样子。"

夫人郑献珍说：

"阿强从来不关心衣服，不管自己穿什么，甚至不知道自己穿的是什么衣服。什么衣服穿多少时间了，该换洗了，得我跟他说，提醒他，把新的衣服给他。有时大女儿阿乐来电，说父亲明天参加市里会议，得给父亲穿什么衣服，我就赶快去准备。他出差外国，或上海或北京，我要问多少时间，算好来回，仔仔细细给他准备衣服和其他用品。还得仔仔细细交代，箱子里药品放在哪里，剃须刀放在哪里……"

我和叶旭强曾在柳市五星级的华京大酒店吃过大餐，又和他在食堂吃了几顿便饭。食堂是外包给别人了的，一桌四人，菜已经摆好，自己去打饭。叶旭强也自己去打一碗饭，发觉他什么都吃，河鲜海鲜、猪牛羊肉，喝着紫菜汤，很快一碗饭吃完，抹一下嘴，和工人一同出去。

他从前一月出差两次，湖南那些地方没什么好吃的，当然没有海鲜，河鲜也极少。所到之处多辣，他吃辣不，不知道，我没有问。他是1951年出生的人，1959年、1960年、1961年饿肚子，记忆是深刻的。前文所写，他出差有时一日只吃一顿饭，经常饿肚子，那么，有这样"吃"的背景，他是不讲究吃的，一般是来者不拒。

夫人郑献珍说：

"阿强早餐就是吃面，汤面。面里放些虾皮虾干，或者鸡蛋，或者牛肉，或者肉末浇头，他都喜欢，吃时呼噜呼噜，非常欢快。晚餐喜欢回家吃，一般是六点半，他喜欢吃我做的菜。他喜欢叫孩子们过来吃，特别是星期六星期日，有时都是满满一大桌。近年来，特别喜欢孩子。他有时来晚了，他会叫大家先吃，否则就冷了。他回来了，桌上剩下什么他吃什么。即使只剩下一些汤汁，他倒进米饭里，搅拌一下，同样呼噜呼噜地吃下。从来没有叫我另外做菜，或者有一句什么埋怨的话。"

据说叶旭强原来是喜欢喝酒的，有人说他的四弟早逝和喝酒有关，他便少喝酒了。一天在华京大酒店，他坐在我的边上，他喝的葡萄酒，大约超出半瓶。他的脸微红，步态稳健，说话得体。他的酒量应该是很好的。

他的办公室里有茅台酒，也有别人送的十年"糟烧"，看来他和酒的缘分没断。我私下想，喝点酒应当对身体有益，为什么要断呢？没必要。但我不是医生，人的生命自有奥秘，各个不同，谁知道呢。

他抽烟。他的抽烟我以为有些厉害，这可能是我不抽的缘故。我高中时，和同学蹲在茅厕里，同学递给我一根，说，茅厕里全是细菌，抽烟则灭了细菌。我抽了半根，脑袋一阵晕眩，差一点掉在茅厕里。从此不抽。那是抽烟的开始，也是抽烟的结束。而且闻到烟味就不舒服，人在十米开外抽烟，我即闻到，感觉不爽。我有无数抽烟的朋友和同学，他们则说我的人生是不完整的，因为不抽烟。他们说抽烟带来的快感远远超过喝酒，喝酒时并不舒服，只是酒后陶陶然的境界是不错的。酒喝得多了，吐了，次日是极其难受的。抽烟则不然，第一口进去，全身就通电，脑袋就闪进仙气，云云云云。

叶旭强不能说一根接一根地抽，但一天一包烟应当是不止的吧。大女儿叶仁乐说，父亲曾经戒过烟，后来碰到烦恼事，又复抽了。但我想不一定要决然地戒烟，觉得抽烟很舒服，那就不戒。现代医学，有人说人的精神处于愉悦、兴奋状态，许多病是不生的，比如癌症。倘若真是这样，抽起烟来，精神昂扬，抽就抽呗。而肺部已经不好的人，以不抽为宜。当然，我这个不抽的人，应该是没有发言权的。

有的烟民，脸上非灰即黑。叶旭强的脸还透出一片红色来。他不胖不瘦，身体非常结实。他思想活络，丹田气满，说话很有劲，两个小时说下来，他不觉累。而且他作着手势，臂膀也有力。一段时间，说他住院，医生怀疑他前列腺长什么，被困在医院中做各种放射和验血。我疑之，认为他根本没有大病。老实说，对比叶旭强做阀门，现在的医院，很少医德，只认钱字，做各种检查，千方百计搜刮病人，无话可说……

他住在乐清乐成镇一个普通的小区里。据说他的儿子、两个女儿住的小区都比他高档。他觉得这样住着很好。他家里有一个保姆。很久以前叶旭强就想找个保姆给郑献珍做帮手，郑献珍不肯。前些年郑献珍年岁大了，许多事力不从心，才找来一个保姆。

叶旭强认为，自己这大半生，有几个遗憾。最主要的是对家人不够好，包括对孩子、妻子、父母。

他大约是和自己对"阀门"的专心用心做的对比。依我的了解，子女们对他都满意、都敬爱。三个孩子出生在七里港，上学年龄时，三个孩子都被送到乐清城里读书，乐清城里当时没有自己的房子，孩子或寄宿在亲戚家，或寄宿在老师家、班主任家。这在当年的七里港，是独一无二的。叶旭强知道，小村庄出不了优秀学生。大女儿仁乐考上高中，考上南京航空航天大学，叶旭强还要送她到美国读研，好好学英语，这个时候她恋爱了，1999年，到"慎江阀门"上班。

二女儿灼如考上湖南湘潭机电高等专科学院，后来又就读上海对外外贸学院。2003年，留学英国普雷斯顿大学，读国际贸易和英语。三年半，取得硕士资格。灼如说：

"我到湖南，到上海，父亲都送到学校。到英国，我父亲送到上海机场。我父亲舍不得我，他流泪了。"

1993年，在乐清就读的儿子际涵13岁，被父亲转到上海一所中学读书。他对电脑有浓厚的兴趣，读完初中后，

际涵没有再读普通高中，而是直接读了上海机电学院的 IT
专业。

是中国的传统缘由吧，叶旭强对儿子的要求和对女儿
的要求，也许不一样。态度上也没有对女儿这么柔情。际
涵说，父亲对他很少有笑容，更多是教导，比如，多次对
他说的是同一句话：

"牛要靠绳子，树靠皮，而人要靠脸，做人一定要做
好人。"

从上海回来，际涵没有在父亲创办的"慎江阀门"集
团公司获得轻松的岗位，父亲安排他在车间当学徒，装配
阀门。装配阀门是一项技术活，更是一项体力活。刚开始
的时候，整天跟着师傅搬螺栓螺母，一天工作下来，这位
80 后的年轻人，全身外面脏兮兮，全身内里"酸酸痛"。
下班后，不能坐父亲的专车，拖着疲惫的身体，坐上厂里
的班车回家。这时，家已经在乐清城里了。

时间在际涵不断搬运螺栓和螺母的工作中一天天地过
去，转眼间已是一年，年末的时候，叶际涵从企业财务室
里领到 1500 元，这就是一年学徒工的全部薪水。

第二年，际涵被父亲安排到了技术部。在技术部虽然
没有在车间那么脏、那么累，但是每天都有看不完的图纸
和技术样本，还要负担着一定的技术管理。这一年，际涵

时时感觉自己知识不足，力不从心。

1998 年，际涵向父亲要求去上海交通大学攻读 EMBA，专学工商企业管理。际涵说，在上海交大攻读 EMBA 的两年时间里，他并没有脱产住在学校，而是一边读书，一边在校外打工，所谓勤工俭学。

他没有向父亲要钱。

我们知道，这就是叶旭强培育儿子的用意，所谓"苦其心志，劳其筋骨……增益其所不能"者也。现今，际涵不是担负起董事长的职责了吗？

且说他的夫人郑献珍。叶道义说，郑献珍一家家教很好。郑献珍虽然没有上过学，但深明事理，懂人情世故，善良、贤惠。从来不像有些农妇一般长舌，喜欢闲言碎语。她春蚕一般，无微不至地，一直照顾、服务于家庭，她的夫君和孩子。对叶旭强知冷知暖，体贴得无以复加。

叶旭强说，只有她买的菜、她做的菜最合自己的胃口，各地什么山珍海味，都不及献珍做的菜对口。她的厨艺很好。她的女儿叶仁乐说，当时"慎江阀门"起家时，在金丝河，买菜洗菜做菜全是她一个人来。每餐都有两桌人吃饭，需要多少精力和时间！每有亲戚来，也是她照应，例如姑婆姑爷们。劳累啊。有一次清晨，天朦朦胧胧，人也朦朦胧胧，骑自行车到柳市买菜，路上重重摔倒了，好在

第二部分 横谈：人中一棵参天树

没有大碍。菜还得她买，叶旭强后来雇了一辆三轮车，拉她去。一月复一月，一年复一年。后来各地的客户来得多了，她负责接待客户的住和吃。那时七里港一带没有宾馆，而她家已经造了两间三层楼房，吃住都在家里。郑献珍的温州菜烧得很地道，客人们非常满意。

只是她过分操心了。公司越办越大，子女们也都结婚，事情自然越来越多。有喜事、好事、顺利事，自然凑巧也有麻烦事、不遂心事。郑献珍经常睡不着觉。睡不着觉的毛病很早就落下了，当年买菜之类需要很早就起来，白天干活又要连轴转，睡觉的时间很少很少。叶旭强和子女们商定，把烦恼事屏蔽了，不让郑献珍知道。为了母亲的健康，三个子女拉了一个微信群，统一口径，报喜不报忧，免得母亲焦虑和忧郁。

仁乐经常对母亲说，你只管把自己养好，我们下辈的事、公司的事你别问，也别管。她哪里别管呢，仁乐较迟才生孩子，她比谁都焦急，找医生，找秘方。仁乐和先生很迟才下班回家，她买菜时，会把仁乐家的菜也买好。叶旭强回家，她总是察言观色，看看喜怒哀乐，老公高兴了，她才高兴。

她闲不住，勤劳是她一生的习惯。家里所有的活全是她干，叶旭强一概不管，也一无所知。即使灯泡坏了，马桶堵塞，水龙头要换，都是郑献珍去想办法。但郑献珍谈起了丈夫，充满了自豪和爱昵。她生于1954年，但看不出已是这个年龄的人，整个还有当年美人的风韵。她不是个养尊处优的人，拿腔拿调的人，多年繁重的家务反倒使她筋骨强健，她快人快语，直爽得要命。

她和我在乐清天豪君澜大酒店大厅茶吧里聊天，她把手腕上的金表给我看，说：

"这是阿强买给我的，十七万块钱。"

我问：

"是结婚纪念日给你的吗？"

她说：

"是。他还想买一块玉给我，我说不要。"

我把这些事都告诉了叶旭强，问：

"你怎么会说自己对家人不好呢？"

叶旭强说：

"作为人父、人夫、人子我真的不够好。你说的孩子到哪里哪里读书，许多是钱去解决的。钱算什么！我脑子里想着他们的时间不多，放在他们身边的时间不多，没有贴心贴肺。我想着阀门的时间多，在阀门身边的时间多。比如我母亲，晚年肾衰竭，要血透，很多年啊，我都是叫司机送母亲到医院。我和医生已经沟通好。我自己没有经常去看母亲，没有经常陪在母亲身边。还有我父亲，去世更早了。他是老年病，病的时间很长，当时我要出国，问他，我出差法国可以不可以。父亲说，没关系，你只管去吧。实际上，我是不应该的，古话说，'父母在，不远游'。我不仅远游，且是到外国去！可是我到了法国，父亲就去世了。母亲去世时，我还在身边，父亲去世后十五天，我才回到家里，你说我遗憾不遗憾。"

他又说：

"我这是不孝啊。"

说到这里，叶旭强的眼睛红了。

叶旭强在公司，可谓一言九鼎。但在家，家长好像是夫人，她里里外外一把抓。而对于三个儿女的婚姻，他尊重孩子自己的选择。

大女儿仁乐说：

"我们少年时，一起吃饭啊什么时候，父亲偶尔会说，娶亲嫁人，对象高素质要紧，脾气好要紧，别的什么如钱啊不要紧。我大学毕业时，1998年，24岁。其时，姑妈——浩东的姐姐由于房子装修，住在我家。她对前来看望的女同学说，有合适的小伙子，替我侄女介绍一个。并偷偷把我的照片拿给了女同学。后来这女同学真的给介绍了，就是我现在的先生。他当时在温州商校教英语，后来考到温州人寿保险。我和先生恋爱了两年，才订婚结婚。我妹妹灼如、弟弟际涵都是自由恋爱。问父亲，他还是那句话，人品好脾气好就行，你们自己拿主意。现在，我们的婚姻都很好。电脑有编程，我们的择偶标准被父亲'编程'了。"

我看到一张叶旭强一家的全家福，是他 70 岁寿诞时候。孙辈是清一色俊秀的男孩。叶旭强当然坐在前排正中，满脸是幸福之气。

我和仁乐接触，和际涵接触，他们没有饶舌，不说空话废话，更没有豪言壮语。周边的人也说他们只会埋头干活。

仁乐说：

"我父亲同我和弟弟说过，我们不要像他那么'直'，太直会吃亏的。父亲的意思是别迂腐，遇事灵活变通吗？不清楚。也许是遗传，也许是在父亲身边潜移默化的缘故，我和弟弟办事都像父亲，都是说一就是一、原则性很强的那一种人。"

据我了解，仁乐向来在公司管财务，管跟工商税务银行等部门的对接，原公司副总经理王碎青多年前离开之后，和政府部门的对接也归她管，她还管公司的党建。多少事啊，她都是默默地做，细细地做。做好了，她只是向父亲汇报一下，什么事已经做好。没有同其他人说，有的和总经理有关系的，就和她的浩东叔叔说一声。

仁乐说："偶尔父亲对别人说的话会传到我的耳朵：'我家阿乐辛苦。'我很高兴，他除了是父亲，以前还是公司董事长。个别事应当能够办下来而办不下来的，我也会向我父亲汇报。父亲会动用自己的资源人脉，叫我去温州找某某某，或去乐清找某某某，我就去找某某某，把事情办下来。"

我知道企业办事，大多是求人，求人之难大家都有数。仁乐却说通过多年办事，许多部门领导都熟悉了，现在办事她基本上都比较顺利。她到税务局，局长会对不熟悉的人介绍说，他们"慎江"是乐清纳税大户，也是温州纳税大户。这样，我去办事就比较顺，就快得很。

"当然喽，我比较细心，"仁乐说，"比如到某处办完事，跟主任、副主任、其他科员打个招呼。今天是张三替我办的，我当然会对张三说声谢谢；我还会找到前一次替我办事的李四，跟李四也打个招呼，问个好。例如徐海严副市长那年有个批件，要求银行给我们贷款，市政府可以担保，有关部门把事情都办好了，我就向徐副市长发了短信，说明事情办好了，谢谢他。他回复说：'好的。'

我是代表'慎江阀门'的，也是代表我父亲的。"

叶旭强说：

"我一不贪钱，二不贪色。"和我聊过天的人，他的少年同学、中年朋友、司机都说他除了出差，回来就是两个地方：公司、家。他从来不去歌厅、舞厅、咖啡厅，或者桑拿浴室……坊间更没有流言蜚语，没有传言叶旭强有什么女朋友。

总经理叶浩东，几十年跟随叶旭强。既是堂弟，又是得力助手，我问了他"贪色"的事。他说：

"有的人只说自己不贪色，阿强还是真的不贪色。"

我问：

"你怎么知道？"

叶浩东又发出一串介于"呵呵呵"和"嘿嘿嘿"之间的音后，说：

"我们都是男人。我对他太了解了。从前我们一起出差，都是习惯住一个房间。他从来没有心思到外面走一走。一躺下来，几秒钟就睡着了。"

老实说，好色也没有什么大不了的，饮食男女嘛。现今商界头面人物，包括许多老板，换老婆的还少吗？玩异性的还少吗？包养的还少吗？"与多个女性发生并保持性关系"的还少吗？女的找面首也不稀奇呢。

叶旭强对我说：

"阀门是很有魅力的。"

他几十年专注的，使他愉快的，就是阀门。

问叶旭强看过电影了没有，他说很早很早以前是有的，站在露天下看，什么《地道战》《地雷战》。还有样板戏，什么《智取威虎山》《红灯记》《沙家浜》《杜鹃山》，都是被人裹挟着去看的。他说他也不喜欢看。后来都没有看了。"坐着看我会睡觉的"。至于后来一部一部大家认为好看的电视剧，叶旭强一部都没有看。

关于文艺娱乐之事，叶旭强说：

"少年时家庭贫困，我的父母、大哥和我想的都是生存生活的事。待到开车床、做阀门，想的都是技术和销售等等。心思根本没有文艺和娱乐。"

这是天性秉性。叶旭强的乐趣不在这里。

仁乐说：父亲没有和我们好好玩过，他自己也没有到哪里旅游过。1993 年，我弟弟际涵在上海得了小恙，全家人都一起到上海。这回看了际涵，我以为父亲会和我们一起到一些地方玩玩，比如外滩，可还是没有。他要么叫别人带我们出去玩，要么让我们自己去玩。他一个人去干自己的活，要么和阀门有关，要么和公司有关。

小女儿灼如是个通达甜美的女孩，笑着说：

"2005 年 2 月里，我和我父亲母亲说好，正月这几天交给我安排。正月初三开始，到泰顺氡泉住几天。父亲笑眯眯地，似乎同意。初二晚上，我父亲说不去了。我有一点发脾气了，说不行不行，氡泉那边的旅馆都订好了，正月里是很难订的。好说歹说，次日早晨总算出发。到了泰顺，看了廊桥，转了几转，我父亲说没意思，没意思。过了一夜，也就是初四，他坚决要回来。怎么说都说不服他。我们只好回来了。哈哈，拿他真没办法。"

叶旭强曾经到过美、法、意等多国。我问他，到了国外，有没有逛逛名胜古迹、自然风光。他说没有，没有兴趣。到了美国，他没有去黄石公园、科罗拉多大峡谷；到了法国，他没有去巴黎圣母院、埃菲尔铁塔，或夜游塞纳河；到了意大利，他也没有看看威尼斯，在奈何桥下坐坐刚朵拉……但，他有他的兴趣，他有他的世界，他的兴趣和世界就是阀门。

叶旭强的大舅子郑道辉，1952 年生，比叶旭强小一岁，原来是七里港一家工厂"东方"的总经理。和他一接触，就知道他是一个有知识、有修养、有经历、有能力的人。他说话语速慢，一句是一句，句句落到实处，很有见地。

他说话的慢条斯理，和叶旭强的充满激情形成对比。他曾经小学毕业。他说自己哪像叶旭强，现在还在忙阀门，他自己早已腾身，退休过闲适日子了。早上踱到山顶打太极，午后和朋友一起下下棋，晚上喝喝酒。他说自己前列腺不好，这个年龄的男人大多不好，当然，这和自己长期饮酒也有关系。不喝酒行不行？那是不行的。人活一辈子，就要快快活活。他说自己试了又试，喝酒只喝白酒，黄酒、红酒、啤酒都不行，对前列腺的坏处立竿见影，喝白酒倒是没事。他说他的人生座右铭是：随缘任运，我行我素。

他说自己佩服妹夫叶旭强的工作精神和事业成就，但对叶旭强的苦拼人生不认同。说：

"他不会享受生活。"

他说很早之前，有一次，他到江西景德镇，叶旭强到湖南。为了旅途舒适些，两个人一起先坐船到上海，次日各坐火车，这样惬意一点。

郑道辉说：

"我俩住下了，我照例到小酒店喝酒，先休息，睡一觉。旭强呢，他买了方便面吃下，马上拎包出去办事。他远远地看见公交车在那边，拔腿就追。在我看来大可不必，我当时心里想，哎哟哟，别追啊，你可以乘坐下一班车啊。"

郑道辉还说，吃饭管吃饭，喝酒管喝酒，一个人总要让自己好过一些，别紧绷。叶旭强和他一起吃饭，基本上没有一次是坐到底的。他还举例说，自己的儿子结婚，叶旭强是姑父，可是吃到一半就早退了。他说：

"旭强一年只有腊月二十九到正月初四休息，在这五天里，旭强可能很煎熬，很难受。"

郑道辉笑起来。

郑道辉说自己的寿域做好了，百年之后安在哪里，自己明明白白。他曾经问过叶旭强寿域的事，可否和他的并列一起，叶旭强理都不理。这是十几年前的事情。

郑道辉的生活方式有错吗？当然没有错。他享受着他的幸福人生。一般人所追求的都是这样的。不是吗？

问题是，叶旭强可不是一般人。

女儿仁乐说，2020年，她父亲70岁了，她考虑为父母选墓地。温州一带的人，很早都为自己选墓地，买墓地。她父亲没有想到这个，自己不选，那就她来选吧。她看上了乐清长安陵园中的一块地。这里西靠柳市城区，东屏乐清城区、乐清湾。是父亲常年活动的半径之内。全园南北两山对望，说是"二龙对望、双龙跃海"，可称是"山顶陵园"，车子又能抵达。占有雁荡山的形势之气，浩浩荡荡。在园区规划上，成片绿化带、草坪带为主体，辅之墓穴配套绿化，绿化覆盖面大极了。四季次第花香，海棠、芍药、丁香、樱花、含笑、玫瑰、栀子、石榴、蜀葵、凌霄、茉莉、木槿、菊花、蕙兰、梅花……

我问叶仁乐，你带父母去看墓地了吗？她说带去看了，父亲笑笑，表示满意。现在仁乐让园林设计师做墓地的效果图。

叶旭强让孩子都到"慎江阀门"干活。儿子和大女儿非常乐意。留过洋的小女儿不同意，她认为一家人在一个单位干活不好。父亲没有办法。父亲有父亲的心思，留过洋的小女儿有自己的心思。他们都没有错。在父亲看来，"慎江阀门"简直就是"慎江帝国"，再也没有比在"慎江"干活更重要的了。可见"慎江阀门"对于叶旭强的意义。而小女儿属于"海归"，当年工商银行招"海归"，小女儿就进去上班了。对于小女儿的决定，他没有批评一句。

优秀的叶际涵当然是父亲的接班人。我问叶际涵，你父亲对你有什么要求，具体有什么交代？

叶际涵说：

"我老牌（温州人称呼父亲）只对我说了一句话：'不要让 SJV 被世界阀门界抹去。'"

叶际涵谈起他的父亲，总是称"老牌，老牌"，话中

210

有敬重，也有敬爱。

在公司，工人见到叶旭强，没有一个人点头哈腰，中层干部也一样。看起来是上下平等，左右平等，没有任何隔阂。

叶旭强说：

"现在是老板向工人拍马屁，而不是工人拍老板的马屁。特别是技术工人，万一留不住，那是心疼的。"

多年之前，大约是2008年前后，"慎江阀门"曾考虑去边远的、相对贫穷的地区招收高中毕业生。他们不再上学了，能够过来，接受培训，以后的前途总比在原地区放羊、放牛好得多。他们可能在"慎江阀门"待下去工作。公司有人提出到四川阿坝州去招收学徒，叶旭强同意了这个建议。后来是一辆大客车把三四十名少男少女拉来了。他们在七里港也觉得挺新鲜，脸上荡漾着好奇的笑容。培训也开始了，他们也很认真的样子。后来发现情况不对，有孩子走了。到哪里了？到酒店里去了，到酒店里当服务员了。服务员不用什么大培训，端盘子谁都会，而且马上来钱。主要的，那里吃得好。客人吃剩的干货都是好的，许多东西在阿坝州看都没看过，不要说吃了。青蟹、梭子蟹、石头蟹、帝王蟹，鲳鱼、带鱼、鲅鱼、鲚鱼、乌贼、水潺、琴虾、海葵……如果需要辣的，酒店里辣酱有的是，蘸一蘸很好。

哈哈，培训不到二十天，这群孩子跑光了，一个不剩。去七里港有，柳市也有，乐成也有，温州也有……

但有一群人，在这里却干了几十年。

旷理华，湖南省邵阳市武冈县人。他的父亲原来是武冈氮肥厂的供销员，和叶旭强相识。他1986年初中毕业，即随叶旭强到"慎江阀门"干活了。后来他父亲退休，他可以顶替。他放弃顶替，留在慎江，一直干到今天。现在他是中层干部，管理产品检验。那天和我见面，不知什么原因，耳轮上有纱布包着。他说他的老婆徐小竹也在"慎江阀门"，保管仓库。这个仓库大，现在有两个多亿的产品和原材料。老婆也是武冈人，自己在慎江干活时候娶了来，到了慎江，生下孩子，孩子现在乐清读书。他们在七里港有房子。

他的同胞哥哥旷理荣，也在厂里，管磨床。磨床是利用磨具对工件表面进行加工的机床，也就是使用高速旋转的砂轮，进行磨削。这也是难干而且重要的活。

他还有同胞弟弟旷理成，在厂里管车间调度。

旷理华的堂弟旷理林，在"慎江阀门"里，是重要角色，他是一车间主任。他生于1968年。1988年，由旷理华带进厂，一干也是 30 多年了。他的老婆在隔壁一个别的厂，她不会做阀门。旷理林看上去，是个斯文、沉稳、可靠的人。他说话语速慢，一句是一句，但句句在理。他说他很早就是车间主任了，2009 年到 2013 年，他的车间有 100 人。后来至 2015 年，生产进入低谷，人少了。这两年又旺盛了，可是技术工人难找，现在他的手下只有 69 个人。

旷理华带过来好多人，这些人又带来了好多人，邵阳武冈来的人就有一个加强连。他那个村同一个组的就有 20 来个人。来来往往的多，回去的人也不少。主要还是户籍问题，生了孩子，读书要回原籍，这就麻烦。叶旭强董事长为这事绞尽了脑汁，走了许多路，花了不少钱，解决了不少问题。但是彻底解决这个问题，目前还很难。

我问旷理华、旷理林有回去的打算没有。他们说最终总要回去，但目前没有时间表，应该是老了、干不动了回去吧。

我问他们，你们的老板对你们怎么样。他们说那是没话可讲的。他站得很高，是看得很远的人。他批评人是不留情面的，有什么说什么，但心地纯善，很会换位思考，站在别人的角度想问题。我们作为打工的人，把事情做好，除了高工资和愉快的心情，我们念想的还要什么呢？老板明白得很，他做得很好。

　　"慎江阀门"的办公室主任是个大姑娘，杨飞华。叶旭强和大女儿叶仁乐每次提到她，口气亲和亲切，对她非常信任。我见到的杨飞华，白皙的脸上一直是浅浅的踏实的笑，她是个精细、精明、精干的女孩，办事周到、准确而可靠，像是时钟上的跳针。从我的接触来看，从她的口吻听出，她深爱"慎江阀门"，她就是那种"工作着就是美丽的"人。

　　杨飞华说，对于员工的利益，叶旭强董事长是不吝啬的。2018 年底，他提出，"慎江阀门"全体员工参保"五险一金"。2019 年 1 月份起，已经开始实施，为这一政策，公司每年多付出成本 140 万元左右。所谓五险一金，是指用人单位给予劳动者的几种保障性待遇的合称，包括养老保险、医疗保险、失业保险、工伤保险和生育保险，及住房公积金。

　　也是 2019 年，叶旭强提出，工资向一线技术人员倾斜。分别在三月和六月，一线技术人员提了两次薪，一线员工平均每人提升在 25%。

　　2020 年 3 月 25 日，我到了"慎江阀门"。杨飞华说，春节放假之前，新冠疫情已经公开，叶旭强召集股东会议，大约十几分钟，作出两个决定。一是按照《中华人民共和国劳动法》和乐清市本地有关政策要求，疫情休假期间，私企可以按最低工资 1800 元发放给工人。而"慎江阀门"
依工人在厂的基本工资，即 5000 元—6000 元发放，至疫
情后复工。二是春节复工后，一线技术工，也就是车工（机
加工）每人提高工资 15%，二线工比如装配工、油漆工等
提高工资 6%。

杨飞华说，仅仅这两项决定，公司一年又要多开支
100 多万元。

我问了叶旭强。他先是简单地说：

"水涨船高，水涨船高。"

他说去年效益很好。而今年的订单已超两个亿。他自
己出身农民，后来才变成工人，现在自己掌门"慎江阀门"，
利益分配的事情自己可以说了算，他第一个是不能亏待工
人。做人要有仁爱之心，人人都应该是这样。每个工人多
拿几千块钱，对我们公司无所谓，对于工人个人却是一大
笔钱，派许多用场。而且工厂效益好，工人的利益就应该
相应好。我们是一条船上的人。叶旭强还说，我们对工人好，
也就是多给工人工资，工人就不会跳槽，我们也省得去另
外招募。去年的调整，公司一线的老员工，流失率就是零。

杨飞华说，2019 年，柳市镇人民政府出台一项政策：
凭养老保险证明，在柳市镇工作 20 年以上的外来员工，
可以参加抓阄分房子。20 年以上的外来员工，"慎江阀门"

是很多的，但拿出养老保险证明的就很少，只有 3 人。整个柳市镇那么大，也只有 11 个人。因为养老金，自己出一部分，单位补贴一部分，有的员工自己当年不愿意出，而有的员工时断时续地缴费，一下子也找不到证明了。"慎江阀门"三个老员工，各抓来了一套房子。手气运气好，他们真高兴。

但是，"慎江阀门"有没有存在劳资矛盾呢？杨飞华说有。说 2019 年新春，看到有几个人在公司二楼嚷嚷。一打听，原来他们是油漆工。做阀门，油漆是最后一道工序，油漆了，就可以出运了。如果工厂所有车间 360 天天天运转，大家都在干活，油漆工也天天油漆。但个别车间生产有停顿，也是正常的。生产来了，还没轮到油漆，油漆工就得等几天，休息几天。"慎江阀门"除保底工资外，还实行工资计件制，所以几个油漆工代表到办公室了，提出补偿。这事情发生在春节过后刚刚开工的时候，车间刚刚运转，产品还在机加工或者装配的程序，当然还轮不到油漆。他们嚷嚷是没有道理的事。万一，上游工序一时无事可做，也来嚷嚷，怎么办？这两年，"慎江阀门"基本都忙，偶尔调度不顺，造成某道工序断档，实属难免，可工人都来嚷嚷，那如何是好呢？

后来，叶旭强让杨飞华来调停，经协商后，公司做出了一些对工人有益的调整。人家要求天天工作，出发点是好的嘛。

2020年春后的复工，成了全国性的难题。"慎江阀门"复工在二月初一，也就是2月23日，第一天就来了70%。过了几天，疫情缓解，工人都到岗了，全面复工。像"慎江阀门"复工早，工人到得那么齐，不知温州有几家？浙江有几家？中国有几家？

叶旭强说话作风很直接，不留情面，但心地柔软。优秀员工辞职去职，他都是依依不舍，请饭道别。叶际涵跟我说，公司里一个亲戚，郑乐道，突然去职，对我父亲有打击，他很伤心。郑乐道1970年生，和叶际涵平辈，是叶旭强表姐的儿子，20世纪90年代高中毕业来到"慎江阀门"。中间曾经出去做生意，但很快回来了。叶旭强收他做徒弟，重视他、培养他，他后来负责外贸工作。不想2019年初不告而别。

我联系上了郑乐道。他现在无锡和上海两地工作，他说他的工作和"慎江阀门"的利益无关。我说：

"每个人都有选择职业的自由，而你在'慎江阀门'已经能独当一面，薪金也不菲，为什么还要辞职呢？"

他说：

"正像您所说，每个人都有选择职业的自由。我在'慎江阀门'干了二十多年了，年复一年，日复一日干着相同的活，我已经没有兴奋和激情了。我现在出来，可以自由地干自己愿意干的事，不干就休息几天。至于薪金，我也不知道以后哪里多一些，哪里少一些。这不重要。我这个人天性要自由。"

我说：

"你说得有道理。据说叶董对你不薄，对你很重视，这次你不辞而别，为什么不和叶董打个招呼再走呢？"

他说：

"我也想打个招呼再走的，但是不敢。之所以他对我好，我开不了口，说自己要离开了。万一他挽留我，叫我别走，我怎么办呢，可能就走不掉了。人心都是肉长的。"

我说：

"你对"慎江阀门"还有留恋没有？"

他说：

"二十多年了，肯定是有很大感情的。我常常觉得自己还是'慎江'的人。梦里经常都是忙'慎江'的事。比如，如果有人说'慎江阀门'不好，我肯定是要大骂他的。"

2017年，一个技术部的员工，姓孟，突然得了脑出血。

叶旭强十分关心，帮他联系医院，花钱积极救治。安排人去探望，送上了2万元的善款。出院后，还联系他家里人过来谈话，安排他后面的工作，做得十分到位。孟员工非常感动。

2000年接近过年的时候，那时还在"19亩半"，公司一个司机出事，撞死了人。司机是永嘉人，他把车开回家，酒后肇事，死的也是永嘉人。

这种事，主要责任自然是司机。司机把车开回家，离开岗位，而且喝酒了，撞死了人。当时禁酒还没有现在严格，但事情是清清楚楚的。当然，对于死者家属来说，车是"慎江阀门"的，主要的是司机没钱，"慎江阀门"有钱。

死者家属发动了300来人过来吵闹，冲击生产。把"慎江阀门"的窗和门都砸烂了。镇政府把叶旭强保护起来。叶旭强则派人耐心和他们代表沟通，承认有管理责任，表达慰问之意。并且透露，抚恤金不会少于法律规定。但是有个前提，你们吵闹的人要先撤，不可干扰生产。可是，对方不听，300来人继续进行围攻。叶旭强只好报警，惊动了乐清市委政法委书记，警方了解情况后，抓了打砸的几个人。对方这才老实下来，坐下谈判。

照常理，这下谈判占上风了。可是叶旭强站在对方的角度想问题，对方有妻子儿女，死人的确是大不幸。叶旭强给了对方接近 60 万元的抚恤金，这是当年法律规定的两倍以上。这是对方根本始料未及的事情。

但是，年关将至，对方向叶旭强请求，提出把抓了的人放了过年。叶旭强不予同意，不能助长社会不良风气。多关几天，也是教育，对人也有好处。说：

"这事不是我管，你们找公安局。"

"慎江阀门"有一个老员工郑玉报 60 来岁，安徽人，在厂 20 多年了。他平时都是准时上班打卡。2012 年夏天，车间里怎么没有他的身影，工友们都觉得奇怪。于是给他打电话，手机通，但没人接。此事蹊跷，于是就到他的寝室里去。一看，人死了。叶旭强很快就知道了，通知公安局来人，也联系了死者在安徽的家属。

王碎青处理这个事。他说公安局来验了尸，是死于心脏病。天气热，必须运到殡仪馆里去。

王碎青说：

安徽老家的人很快就来了，人员很多，他们请了律师。提出了问题，提出了几种死亡的可能。为什么尸体早早地运到殡仪馆？是否在工地出了事故，是否在恶劣的环境里生产，是否重负荷劳动。对方说话的是律师，我就同本厂其他人说，你们不要说话，免得话多出错，我一个人来应付。我说话谨慎，有一句说一句，绝不多说，以免被对方抓了辫子。我首先对同事郑玉报的去世，深表同情和哀悼。我就对他们解释：天气热，在寝室里放着不好，运到殡仪馆是公安局做的决定。这个你们可以询问公安。你们也可以查看尸体，有没有外伤，或另请法医验尸。郑玉报是管理设备的，不在油漆车间，没有在恶劣的环境里工作，也没有重负荷劳动。我们所有职工上班下班都打卡，郑玉报的工作时间都有档案可查。

后来对方就是谈赔偿的问题。我说我们董事长说了，我们会给适当的抚恤，郑玉报在"慎江阀门"时间也很长了。于是他们说郑玉报还有老人要赡养，孩子要培养。我只婉转地跟他们说，我们做一点道义上的补偿，不是赔偿。

他们在这里待了好几天，我们谈了好几次。

我个人心里头想，十来万元应该差不多了。后来他们提出要 36 万元。那我只好报告董事长。董事长说郑玉报在"慎江阀门"兢兢业业，干了那么久，功劳苦劳都有，我们就多给一些。董事长在 36 万元的基础上，再加了 16 万元，一共给了 52 万元！

哎呀，我想，叶董啊叶董，你早跟我说嘛，我何必谈得那么辛苦。

原来厂里一个采购员,姓王,河北沧州人。1995年进厂,原来是沧州炼油厂一个熟人介绍过来的。开始做工人,后来让他采购原材料。10年时间里,这位王同志一直吃回扣,经查证,回扣高达100多万元。这事他自己供认不讳。已经构成犯罪。怎么处理他?叶旭强想了又想,找他来了。这人痛哭流涕,乞求宽大。叶旭强和他谈了话,把做人的基本道理说给他听,说深说透。对方点头如捣蒜,看他已经听懂了,便放他回老家去。

叶道义先生对我说,叶旭强是七里港社区尊师重教基金会的名誉会长。他这个名誉会长从20世纪80年代开始当,至今已经当了26年了。会长要干事,要筹集资金,叶旭强哪里有这个时间?出钱吧。出钱主要是用来"奖优",奖励七里港的优秀学生、优秀教师。他还是三所学校的名誉校长:七里港中学(今天叫柳市五中)、七里港中心小学(今天叫柳市十小)、七里港镇第三小学(今天叫柳市第十二小学)。叶旭强当然是年年给钱。

我刚到七里港的时候,一天逛普济庙。见募捐碑上,一个叫叶明波的人捐了17万元。我疑心是叶旭强以父亲的名义所捐,一问,果然是。边上有叶氏宗祠,"慎江阀门"捐了 30 万元。

金丝河金西村，是叶旭强的故乡故土。叶旭强年年掏钱，平时扶贫，重阳节敬老，六一节奖掖孩子。

"102"征地的时候，叶旭强见到一个孤独的老太婆，家境很穷。如今怎么还有这么贫穷的人，回来后，他老是想着这件事，他掏出了 2000 元，让人送给她。

乐清东北部山区，有岭底乡，相对贫穷。"慎江阀门"与之扶贫结对，已经几十年了。叶旭强每年派人送钱，一年不落。扶贫款究竟合计多少了？他说财务知道，他一点也不知道。我问了财务，财务说 100 多万元。

乐清有个上进心很强的孩子，家贫无力上学。叶旭强知道后，他个人把孩子的学杂费全包下来。从小学到中学，从中学到大学毕业。叶旭强没有说孩子的名字（他也不记得），他没有去看这个孩子，也不让孩子过来道谢。他和孩子互不认识。他要维护孩子的自尊心。只是让人带去一句话："好好学习，做个好人。"

叶旭强这样的资助孩子，在四川省，还有两个，两个都是优秀生。问具体是哪个县，叫什么名字，他说原先是知道的，是谁过来介绍的，他答应后，把任务交给财务，财务半年一支付。他不记得远方两个学生的名字。

汶川地震，生灵涂炭，举世震惊。叶旭强自己捐款，公司捐款，还发动员工捐款。他说国人就是同胞。很有意思的是：员工捐了多少，他事后以奖金的形式补给了员工。他说，他要培养员工的向善之心。

叶旭强谈到夫人郑献珍，说：

"她除了干家务，就是出去捐善款。家里的钱全部被她捐完了。"

叶旭强哈哈大笑起来。

夫人郑献珍说：

"我家借出去许多钱，很少拿回来。有人向我借十几万元，后来人都没音讯了。有一个借去 50 万元，到了法国巴黎，一年后，人死了。"

我问借出去究竟有多少钱拿不回来。她说阿强知道。

叶旭强说，我借出去的钱，有 4000 来万元拿不回来。

我说你可以诉讼啊。叶旭强说：

"有的是真没有钱，没有办法。有的也不能逼人太甚，许多人是曾经有过交情的。"

对"慎江阀门"有过帮助的人，叶旭强都一一记得，心中感念。范华玲，"金山石化"设备处工作人员，主管阀门，后来是上海石化机电设备服务部经理。叶旭强每每说到她。我电话找到她时，她居住在珠海。

她说：

"慎江阀门"引起她重视时，是看到厂里有一台日制阀门。当时她问了叶旭强许多问题，叶旭强的回答完全是一个专家的回答，不像是厂长的。这个人是真正懂行的，深谙阀门技术，超过了我们的想象。当时我是管阀门的，便让他按我们的标准试制。我们要求严，叶旭强开始都是挣不了钱的，后来和我们公司联系多了，完全是"慎江阀门"的实力。靠吃吃喝喝是根本不可能的。

她又说：

"我是 1947 年生人，早已退休了，难得叶旭强还经常想到我。他的小女儿叶灼如一直和我有联系，一直嘘寒问暖。岁月增添，记忆渐衰，近年我一心向佛，对往事很少追忆。只是记得和'慎江阀门'的合作是愉快的。我谢谢叶旭强和他女儿的感恩之心。"

叶旭强还提到一个人，寿鑫泉。他是北京设计院的，"慎江阀门"能够进入央企，和他穿针引线分不开，可惜他已经不在人世了。他还感念帮助过他的北京国家机械工业联合会的几位领导。即使是最初有求于他叶旭强的原材料供应商李学黑，他也记得。因为李学黑的材料好，而且有诚信，和他配合得好，合作愉快。好的上家和下家，都要感谢，都要感恩。安庆石化的吕忠华，在中石化雁荡山订货会上，一个人一下子就定了 100 个阀门的。当年"慎江阀门"默默无闻，"初现江湖"，这种支持是非常可贵的，叶旭强太需要这种信任了。叶旭强说，他和吕忠华一直有来往，几年前，吕忠华退休了，现在过年过节，他总要寄一点海货给他。

邵占维在北京参加第十二届全国人民代表大会，突发心脏病，不幸病逝。他只有 58 岁。那是 2013 年 3 月 6 日。叶旭强当天就知道了，他哭了。叶旭强觉得自己一个做阀门的，被投入牢中。而他邵占维，可是堂堂温州市委书记，和他并不沾亲带故，为了解救他，亲自给温州海关关长打电话，指令他必须放人。

叶旭强吃不好，怎么也睡不好，要到宁波慈溪邵占维老家吊唁，要到杭州殡仪馆参加遗体告别仪式。可有领导认为不合适。叶旭强想了又想，觉得领导的话是对的。那时邵占维已是杭州市市长、副省级干部，叶旭强自己又凭什么资格参加。最后，叶旭强只有点一盏心灯，自己默默地悼念他。

叶旭强乡恋情结很重。好友董光亮说：

"'慎江阀门'是浙江省的重点企业，乐清盐盘工业区曾邀请叶旭强到盐盘来。100 亩、200 亩都可以。盐盘工业区不存在征地的问题（征地是多么艰难啊），而且在乐清城边，文化、交通等条件都好，叶旭强自己家住城里，中层干部如数家住城里。职工唱个卡拉 OK，吃个夜宵，都比较方便，因而这里更能留住技术工。但是叶旭强思前想后，还是选择七里港，他说自己是七里港人，根在七里港。当七里港镇委领导找到叶旭强，请求别搬时，他痛快答应了。"

开写叶旭强的时候，我打开百度，竟找不到中国"慎江阀门"有限公司，我觉得奇怪。我个人简介，百度都有，虽然漏洞百出（一天我接到湖南一个读者电话，有些神秘地说，老师你看看你的百度条目。我看了，百度居然说我卒于 2009 年 4 月 11 日。那是我恩师林斤澜的忌日）。温州十几家阀门公司，百度都做了，怎么唯独"慎江阀门"没有。后来了解到，百度曾经找过来，工厂公司做百度是要给钱的，给钱越多，做得越"好"。叶旭强倒了胃口，没有好感，决定不做。可两年后，"慎江阀门"又上了百度。问其故，那是董事长助理李慧来后强烈要求做的，认为好酒也是怕巷子深的。叶旭强认为李慧是对的。

周方平，在乐清有大名。他也是七里港人，和叶旭强同年生，1951年。说起来，他还是叶旭强的转折亲。叶旭强的堂房兄弟叶道义的姑妈，就是周方平的祖母。周方平的父亲周如福，当年慎江捕捞队的党支书，和叶浩东父亲关系很铁，叶旭强少年时进乐清机械厂，就是周如福开具的介绍信。周方平1969年参军，在27军军部无锡。他摄影技术高超，那时发生珍宝岛之战，东北吃紧。作为战地摄影记者，1972年，周方平调到东北前线。1996年，调到北京八一电影制片厂，"八一厂"里有温州老乡、著名艺术家黄宗江，与他相熟。后转到CCTV七套，编排军事节目，直到2012年退休。退休之前，他在北京"慎江阀门"办事处碰到叶浩东，后来才见到叶旭强，了解了"慎江阀门"。

周方平了解了"慎江阀门"，非常惊讶，自己的老家竟有中国非常有实力的、出类拔萃的实体制造企业。2010年，CCTV记者来了，多方了解和采访，为"慎江阀门"做了一个片子，在中央电视台播出。

王碎青先生说：

"叶旭强在阀门行业界行事，一向风格低调。他不与别人争大，而是做好自己，做强自己。叶董当选中国阀门协会副理事长，'慎江阀门'当选中国阀门协会副理事长单位，他本人不在郑州会议现场。后来几次换届，叶董仍然是中国阀门协会副理事长。可是浙江开会、温州开会，叶董都不愿意当理事长，都让别人当。中国是副理事长，浙江是副理事长，温州也是副理事长。"

他只是默默把阀门做好，把阀门做强。现今，"SJV"商标已成世界名牌。

负责外贸的叶际授说，阿联酋阿布扎比石油公司招标。官员第一个点名的就是"慎江阀门"：

"SJV！SJV！"

官员叫得很响。

叶旭强要的是这个效果。

叶旭强不喜欢玩虚的。

．

2020年11月1日晚上，叶旭强在柳市华京大酒店请客吃饭。董光亮、王碎青等在外地，没有过来，七里港一带他的几个至交都到了。在我的接触和了解中，这几个人都是七里港的人中之杰、品质很好的人。周方平来了，叶道义来了，郑春乾来了。郑春乾和我是同学，当年在温州师范专科学校读书时，他是油印的校刊《九山湖》编辑，我的处女作就是经他之手发出的。后来他做官去了，虽然官做得不大，但处处为百姓着想，有好口碑。他博览群书，心有沟壑，只做好事，平静如水。又难得他一直坚持诗歌写作，出版诗集《山水行歌》和《吾诗吾歌》，非常可喜。

那天我还认识一个画家，郑中才。他1948年出生，是叶旭强隔壁的七里村人，是上海建桥学院的教授。和叶旭强一样，郑中才读过四年书，少年跟着祖父做油漆画师。从民间油漆画师到职业画家、美术教授，要走的坎坷之路是多么漫长，而郑中才一步一步走过来了。他临摹书画，广读名著，多方拜师，有心作杰。他曾经在九华山、灵隐寺写生，并闭关清修、临摹、抄经，在敦煌莫高窟一待就是几个月。上海、北京，全国各地的博物馆、美术馆都留下他的足迹。他平心静气，胸怀广博，对艺术又是极其苛刻。有时为了一幅画的创作，禁酒百日。他的画作，笔法精湛，用墨考究，画风清新，设色雅致独特，人物形象和美，生活场景和谐。有的作品采用泼墨技法，效果强烈。日本人喜欢他的《五百罗汉》。"罗汉"有五百，个个不一样，又"和谐"在一起，那需要多大的艺术功夫。"慎江阀门"一楼大厅，有他一幅48平方尺的《旭日东升》，标准的国画，以家乡雁荡山为蓝本，兼有黄山的神韵，清亮、古雅、气势恢宏，气象万千。

叶旭强做阀门，郑中才画画，上下求索，顽强拼搏，其精神相类。

那天的晚宴上，一位瘦个子默不作声。郑春乾后来对我说：

"这是旭强的朋友。很好的一个人。只是工厂倒闭了。每有饭局，旭强总是把他请来一起吃饭。"

岂能成败论英雄。温州"弄潮儿"，"头破血流"是很多的。

叶旭强结交朋友，臧否人物，看重的是人的"品"。那几天，正值美国大选，晚宴上，有的人说拜登能赢，有的人则看好特朗普。叶旭强说：我喜欢特朗普。一个国家有一个国家的国情，选上选不上是另外一件事。他的工资只拿一美元，其余的都归慈善机构，给穷人。那么大年纪了，拼命干活。他承诺的四年内要做的八件大事，基本完成。而拜登从政 47 年，没做什么事，就是个政客。他是这样认定的。

叶旭强跟我说：

"我是很会骂人的。"

陈坤松，车间主任，温州洞头人。毕业于洞头职业技术学校，开始和父亲一起做"汽配"，1994 年到"慎江阀门"，那时 23 岁。人是小个子，一看就是个聪明人。我问他：

"你在这里时间那么久，被叶董骂了不少吧？"

他说：

"有有有，不能说是骂，绝对不是骂，实际是批评。他自己是高级工程师，你事情没做好，逃不过他的火眼金睛，当然要批评。但都是对事不对人。事情过了，他就忘了，他从来心里不记仇。"

我又问：

"你和他相处时间那么久，有没有就生产上的问题和他吵过嘴？"

他说：

"有，好几次。大多是我们没有领会他的意思。战略上，他的思想是很超前的。偶尔是我正确，当知道是我正确的时候，他也会听取。他有一个好处，他正确的时候，你必须完全领会他的意思，不是理解了要执行，不理解也要执行，先要把心里的错误改正过来。"

关于叶旭强的"超前"，许多人的思想跟不上。陈坤松体会深刻。当时还是在"七亩半"的时候，叶旭强要买一台高端的机器。这台机器叫什么，陈坤松今天已经忘了。当时没人赞成，以为一下子用不上。可是出人意料，机器买来后，很快，要做大口径阀门、高端阀门的订单就来了。这样，前边发展的路就拓宽了。

叶旭强提出生产要自动化，引进法国制造的机器人手臂，用机器人代替人工。这意味着工艺科技提高了，而成本也提高了。1999年，厂里花了几百万，买了"台中精机"。后来又花了2000万元，买了国产王牌、"齐二机床"（"一五"期间我国机械工业第一批重点骨干企业）的卧式加工中心。又引进了日产FMC自动流水线，又是几千万。这自动流水线要日本人来装，修理也需要日本人。

陈坤松说，为了开发新产品，叶董往往是不计成本的，连刀具、刀具都是最好的，付出几十万几十万元的钱。

陈坤松说，今天"慎江"的设备，是目前世界阀门界最先进的设备。不管是对于阀门的"量"，还是阀门的"质"，"慎江阀门"都不存在任何问题了。

博士李慧是2019年招入的，是"慎江阀门"董事长助理。1988年生，山西大同人。2015年，研究生毕业后，在合肥通用机械研究院工作。合肥通用机械研究院隶属中国机械工业集团有限公司，1956年，成立于北京，1969年，搬迁至合肥，是原国家机械部直属的多专业综合性的国家一类科研院所。主要从事石油、化工、能源、冶金、燃气、环保、国防军工等行业通用机械、化工设备的设计开发、产品研制、工程承包、设备成套、检测检验、设备及工程监理等。科研开发阀门是研究院的长项，而李慧学有所长，是专门研究阀门的。在工作期间，李慧考上了博士。当时研究院有规定，继续深造需要脱产，拿到录取通知书后，2019 年 2 月，他向研究院提出辞职申请。因为多年和中国优秀阀门企业打交道，了解"慎江阀门"，并且和"慎江阀门"总经理叶浩东、经理叶章富有一定的接触，他们便向董事长推荐了李慧。6 月，董事长和李慧多次交流，他便留在温州，正式成为"慎江阀门"团队的一员。

李慧说：

"慎江阀门"的设备先进，许多国营大厂没有的先进设备，这里都有，厂里先后引进柔性制造系统（FMS）、日本及中国台湾地区进口加工中心和大量的专业设备，为各类新型阀门开发制造奠定了扎实的基础。如，2017 年，引进"芸峰CAE"实现对不同材料和铸造方法的缺陷预测、工艺分析和应力分析。我跑过 8 家铸造企业，只有 2 家有分析软件。我们做阀门的，机加工设备必须先进，铸造设备可以不必那么先进，因为我们用的铸件是由铸造企业提供的。但是董事长深知铸件设计和质量对阀门的重要性，坚持引进了该软件，最终证明，新的分析软件的应用极大地提升了我们的新产品开发、质量控制能力。我入职以来，深切地感受到企业高层对新设备引进、新技术开发的努力和对行业发展的准确预判。董事长先后与日本、中国台湾地区和国内大量的机床、焊接、专用设备制造商和服务商进行高频次技术交流、探讨，对各项技术的优劣进行了大量的对比研究。我相信，这是"慎江"保持领先的源泉和持续发展的不竭动力。

我们老大有超前意识，或者说有居安思危意识，他现在就在布局十五年、二十年以后的事情。"慎江阀门"在国内阀门行业中较早完成柔性生产线、企业资源管理、数据管理的建设。工业 4.0 时代，老大又开始了企业云、流水线加工单元、新的管理方法的尝试。

我的老婆大学里是我同学，现在在读博士，2020 年 6 月毕业，已经和温州大学联系好，到那里教书。原来她还想读博后，博后毕业了到温州大学就是教授。可我认为还是先过来就业、生孩子为好。她是 1990 年生人。我们决定把家安在温州。

叶旭强说：

李慧考察我们，我们也在考察他。我们"慎江阀门"科研需要年轻人，需要后备力量，但年轻人必须要有真才实学。李慧是总工程师智佐长考察的，包括他写的论文。

第二部分 横谈：人中一棵参天树

235

叶旭强认为，设备是重要的，人才比设备更重要。

叶旭强说：

几年前，"慎江阀门"引进了一个高级阀门工程师，福建人，让他负责质量问题。后来发现这位工程师不行，像是赵括，只会纸上谈兵，对保证质量起不了作用，于是辞退了他，"礼貌送人"。

叶旭强抓阀门质量是下狠手的。

阀门性能和质量问题造成的泄漏、停产、重大事故，给工业生产的正常运行、人身安全、财产等带来不可估量的损失。有关资料统计，每年世界上引起的重大生产事故，三分之一是由于阀门质量事故所造成的。阀门出事故，经常就是大事故。2016年，湖北当阳市马店矸石发电厂，热电项目正在热能调试，高压蒸汽管道突然破裂，造成死亡21人、受伤5人。调查分析，事故原因是2号锅炉蒸汽出口处主管道流量计阀门焊缝裂开，大量高温高压蒸汽外溢，导致主控室玻璃破裂，造成主控室人员严重伤亡。还有震惊世界的美国三哩岛核电站事故，也是阀门出事。

所以，叶旭强抓产品质量是下重手的，简直到了严苛的程度。质量不好，销路就断，更不说安全问题了。

"慎江阀门"是浙江最早的阀门涉核单位。他们有两枚仪器：铱192、钴60。前者三万八千元购得，后者三十万元购得。前者一年一换，后者五年零七个月一换。它们是专门透视钢体内部情况的。类似于医院里的X光、CT、核磁共振，主要用于进货时的来料检验，看看钢体里有没有沙粒、有没有疏松、有没有气孔、有没有裂纹等等。

铱192、钴60因为涉核，存于地下坚固的掩体内。把钢体搬进铱192，或者钴60前面，必须走迷宫一般的路，弯弯曲曲，曲曲弯弯。检验者在很远的地方电脑操作，还得穿上防护服。

公司负责检验的叶有富说：

"第一道关是来料检验。外观怎么样，尺寸怎么样，成分怎么样。阀门用途不一样，所用钢材成分也不一样。钛钢、奥氏体不锈钢、合金钢、双相钢等等。有的耐冲刷，有的耐酸，有的耐碱……做好了阀门，在没有油漆之前，还需检验。比如射线检验（就是核透视）、液体渗透检验、磁粉检验、超声波检验。"

我问：

"如果阀门做得不理想，怎么办？"

叶有富说：

"这要看具体情况。根本不行的，只有一条路：报废。有的是第二条路：返工。返工以后，完全达到要求，可以出厂。还有一种情况，叫让步。让步是产品有瑕疵，但不存在安全问题，可以用。这得告知对方，下调价格。让步必须三个人共同签字：生产部部长、技术部部长、质保部部长。"

2004年7月至2013年1月，叶道义先生在"慎江阀门"帮忙干活。"慎江阀门"很忙很忙的时候，有些低端产品一时做不过来，就选择交代给温州其他比较优秀的阀门厂去做。永嘉瓯北也有，龙湾永中也有，瑞安莘塍也有。但，叶旭强都派人监督。叶道义就是被派去监督的。

叶道义说：

"虽然是小阀门、低端阀门，旭强绝不马虎。虽然让别人代工，但阀门上贴的是我们的商标，牌子是'慎江阀门'的牌子。我干活第一天，旭强就用奔驰车，把我拉到永嘉瓯北、龙湾永中、瑞安莘塍，吩咐代工的厂家，说，这叶道义是我的兄弟，他代表我来督工，他就是我，我就是他。"

叶道义又说，

"旭强让别人代工，他叫人把'慎江阀门'的模具搬了去，要求很严格。还有，原材料（钢体）也是'慎江阀门'提供的，要保证质量。每一批货物做好了，运回来，我都要向他汇报，一丝不苟。"

七里港一带都有堤坝，以防台风时的大潮冲击。叶旭强说：

"质量的堤坝一定要修高，修结实，这是命。"

"慎江阀门"从来没有一个产品被退回，更没有出过一次事故，不管是大的事故，还是小的事故。老实说，这是很难很难做到的。

几十年来，严把质量关，"慎江阀门"没有发生一例产品事故。关注产品的"前世"，也关注产品的"今生"，不因为安装了、调试了、拿来了钱，就对产品不管。叶旭强是最讲信誉的人。有时合同没有签，但叶旭强口头已经答应，他也能照办。有时合同已经签了，但由于钢材等价格突然上涨，要亏本，叶旭强也一样把阀门做好。这种情况几乎年年有。没有一家公司由于产品质量问题而和"慎江阀门"打官司，与"慎江阀门"打过交道的，都很满意，都很友好。

柳市七里港一带，除了叶旭强做阀门，其他企业大多是低压电器。电器大多是民用产品，设备成本低（多人工成本）。许多小厂为大厂生产零部件，大厂装搭一下，成了。而阀门呢，技术积累很慢，要靠摸索。时间慢，历史久，要出尖端产品，不是一时的花拳绣腿，一蹴而就。阀门是核心装置。哪里有管道，哪里就有阀门。管道通时阀门要打开，管道关时阀门要闭合。西气东输管道上，俄罗斯通往中国的油管上，都需要大量的阀门。就是航母上，军舰上都要用到。阀门有"咽喉"之称，各类管网系统中，都用得到。这是实体经济，这是制造业，叶旭强几十年如一日做着阀门。

而今许多人太急功近利了，经常把产业分为高端和低端。在很多人眼里，互联网、大数据、信息化是高端产业，制造业意味着廉价劳动力，是低端产业。社会上有一种倾向，什么行业来钱来得快，就使人羡慕。叶旭强的阀门和民用产品不同，比如温州的服装、眼镜、打火机，阀门是工业用品，安装大多在野外的输送管道上。阀门对于国家、人类、工业是重要的。天下只有低端品位的人，没有低端产业。"慎江阀门"是 2020 年新春"新冠"时最早复工的中国制造企业之一，现在日夜在做。而"慎江"掌握了阀门核心技术，在中国，自然立于不败之地。

话说他的少年同伴、小学同学叶泰熙，一生干过十多个行业。比如他在大庆干过进口汽车设备供应商，在安徽马鞍山做过房地产开发商，最后回到乐清办教育，先是开办职业学校，不怎么来钱，后来就通过投标，把一个 113 亩的地块拿来，办了大学校。职业学校校址租出去了，一年租金是三百多万元。现在的大学校，叫乐清国际外国语学校，在乐清市中心滨海片区，建筑面积六万多平方米，共设八十四个教学班（小学二十四、初中三十六、高中二十四）。校园采用园林式布局，造型别致。篮球场、排球场、网球场、全封闭体育馆、游泳馆、科技馆、天文台……小学、初中、高中都聘请全国优秀教师和校长。近四千名学生，一个学生一个学期平均学费是三万多元。利润是相当可观的。

叶旭强说，我尊重泰熙，我和泰熙走的是两条路。他走他的路，我走我的路。

叶旭强的快乐只在研发、制造阀门的过程上。他并不羡慕钱，他笑眯眯自走自的路。

叶旭强关心时事政治。他通过各种渠道、各种资讯、视听新闻，了解世界。

和我谈天的时候，我经常觉得意外，我以为我们这种人，才见到世界云卷云舒，像他这等理工专家怎么对外界这么了解？中美关系、俄乌问题、中东局势、香港问题……非常奇怪！他的有些观点和我并不完全一致，这很正常，但他说的世界经济周期，及其对中国经济的影响，我是佩服的。他的侄儿、管外贸的叶际绥也佩服伯父，认为伯父目光远大。

我问：

"关心时事政治，同做阀门有关系吗？"

叶际绥说：

"大有关系。当年中俄达成石油协议。我伯父就觉得机会来了。原油输油管线经过乌兹别克斯坦、哈萨克斯坦，进入我国境内，直达内陆，那要多少阀门啊。我们关注建线动态，后来参加投标，取得了好几个项目。还比如'一带一路'，风起云涌，这对我们'慎江阀门'是个很好的机遇，巴基斯坦那边，马来西亚那边，都有我们的项目，金额不菲。我伯父就是厉害。"

我问：

"中美贸易战对你们有没有影响？"

叶际绥笑起来，说：

"我们在国外的项目，不以当地货币或人民币结算，是以美元结算的。人民币贬值，美元就走高，对我们并不是坏事。我伯父每天都关心人民币汇率变化。我们国内购买原材料、加工生产、运输、成本都是人民币。到了国外，就是美元了。我们必须有利可图，汇率一定要掌握，竞标时，我们要商定以哪一天的汇率为准。"

叶旭强说，掌握世界大势，便于使我们分类客户。"慎江阀门"在伊朗有不少项目。美国制裁，把伊朗的头颈锁得越紧，西方高端阀门制造商退下不做，这恰恰给了中国很大的机会，我们产品的价格相对也高一些。伊朗的钱怎么进账，这倒是一个大问题。这在竞标前就要谈好。伊朗在中国有这方面的办事处，在中国直接进账为上策。其次在欧盟、加拿大进账，这也是有的。下策为通过 SWIFT 系统电汇，这个系统是美国掌握的，那是万万不可以的。那要另辟渠道，要是必须 SWIFT 系统电汇，对不起，这一单我们就不做。

我总是念想这个问题：一个农家少年，却成为阀门工程师，成为我国阀门顶级专家，究竟怎么回事。真是不可思议。这个过程非常漫长，而且肯定是充满艰辛的。他原来在机械厂工作，他的融会贯通能力一定是超群的，在杭州阀门厂工作，使他走上了通向阀门宫殿的康庄大道。他的夫人郑献珍说，他研究问题，总是聚精会神。家里的五斗橱，满是针孔，那是年年月月，日复一日，图钉把阀门图纸钉在五斗橱上，认真琢磨、细细研究所致。

当年"慎江阀门"初创时，请来了工程师叶林根师傅，叶旭强一定学会了不少东西。后来又拜上海汽轮机厂等几个阀门大专家为师，认真学习。他对阀门的钻研，可用"惊天地，泣鬼神"形容也不为过。他不仅攻克"慎江阀门"技术上一个又一个难题，而且，他还获得了国家十多种实用新型专利证书。他的工程师证书是温州市人民政府颁发的。温州市人民政府请来了相关专家，分组给相关的技术人员进行考核。阀门专家对叶旭强进行考核。叶旭强说，专家们问了一个上午，细致又刁钻，他都从从容容，对答如流，许多专家表示惊讶。而那次考核中，许多人通不过。给叶旭强等颁发工程师证书，这是温州市政府的务实之处。

上海焦化厂，当年使用别人的阀门产品，能用20天就算不错了，很多厂阀门上去都不行。后来找到了叶旭强。叶旭强深入车间，了解那是高温高压，介质被沙泥浆冲刷厉害的情况所致。恶劣状态的数据掌握了，回来做了特制的"慎江阀门"，阀门使用超过180天毫无问题。后来工厂大修时，阀门卸下回到慎江解剖，许多地方派人来参观学习。

上海汽轮机厂供给宁夏青铜峡铝业发电厂的进口高排通风阀，一直有问题。汽轮机厂的大专家介绍了叶旭强。叶旭强已经青出于蓝啊，他到了宁夏，了解情况回来，改进技术方案。很快，"慎江阀门"提供给宁夏青铜峡铝业发电厂的阀门运出去了，30万机组HEV–150高排通风阀，运行3200小时，并进行6次开启和关闭试验，均无出现密封内外漏浅，一举解决了电厂大问题。

中国阀门界对叶旭强都是竖起大拇指的。

……

现在，叶旭强能在手机里干阀门研究活。手机里安装了图纸软件 CAD，可以设计，可以构图，可以修改。

不佩服叶旭强是不行的。

只读了 4 年书的叶旭强，几十年在阀门实践和理论里摸爬滚打，能够获得 10 多个国家技术专利，能起草几项国家阀门标准，成为阀门顶级专家。在我看来，难以想象。

我采访了两个人。一个是叶旭强最早的徒弟赵新华。一个是今天"慎江阀门"总工程师智佐长。

赵新华 1961 年生，比叶旭强小 10 岁。他的家在乐清磐石镇，叶旭强当年所在的乐清交通机械厂就在磐石镇。他说自己十三四岁认识叶旭强，因为他的父亲当年开了一家小小的五金厂，算是社队企业，有时向叶旭强请教技术。他听叶旭强说话，不大懂，但觉得这人说话和别人不一样，是个厉害角色。

他说：

"我 17 岁开始，才跟随师傅学机械技术。同时跟他学的还有另外两个人，一个乐清城里的，一个是北白象镇莲池头村的。年代久了，许多细节记不起来，但师傅教我

第二部分　横谈：人中一棵参天树

们把车床改成磨床，又教我们在铣床上做出球阀上的球，仿佛就在昨天。铣床上做球，现在看来是简单的，但在当时，不管什么车技师，是连想都不敢想的。有人偷偷来看，铣床怎么做球，我们不让看。

师傅的脑真是超级大脑。有的人刻苦钻研，怎么也是白搭。师傅钻研什么，都有成果。我特别喜欢问，追根究底地问。因此他很喜欢我，认为会问就是肯学，他教了也不白教，就有成效，因此我的技术也很好。我们三个徒弟不是机械厂在编工人，可以学技术，但工厂不给工资，因此我们也要生活，所以我们经常被师傅派到别处做工。黄华机械厂需要技术工，我们三人去，记得是做阀门的。干了一段时间，我们又到别的地方去。记忆中最深刻的，是到洞头县大门造船厂做工。造船厂所有的8台201型机床，统统坏了，没人修，没人修造船厂等于要倒闭。没人修的原因，一是没有修机床的师傅；二是不敢修，那时民间干活就是资本主义。造船厂终于找到我师傅，说清了机床情况。我师傅就答应去看看，看了之后笑笑，答应修理。

对于机械，什么都难不倒师傅。师傅就像当年的赤脚医生，内科外科，从头顶看到脚底下，都行。他带我们三人到了大门造船厂，他仔细研看后，一台一台机器的问题讲给我们听，这台什么毛病怎么修，那台什么毛病怎么修。

246

他就回到磐石，我们留在那里修，很快把 8 台机床修好了。

师傅的大哥意外出世后，师傅辞职了，自己做阀门，我跟着他来到了七里港。在这里我有一个最深刻的记忆，是师傅自己制造一种钻头。这种钻头可以一次性把 10 厘米的钢板钻穿。别人的钻头都要钻一下、拉一下，钻头还经常断了，我师傅的钻头钻进去，钢粉往上飞溅，一气呵成。师傅的钻头发热小，冷却快，所以一直保持坚固状态。这是他手工磨的功夫，他磨的钻头钻尖、钻刃、前角、后角和人家不一样。独绝！七里港边上有两家工厂，都和机械有关，派人偷偷过来看钻头。他们的钻头经常断，有时都要钻几次，你们却一次性地完成任务，钻头常用如新。我们还是不让看，老实说，就是让他们看了，他们也未必做得出来。人人称赞倪志福的钻头，我没领教，我看倪志福的钻头还不如我师傅的，或者是两种风格。

又比如机床上的螺杆，4 米长，歪了，怎么矫直？谁都没有办法。大家都会在螺杆外侧，也就是棱凸处敲，怎么敲都没有办法，直不了。师傅笑笑，在螺杆的凹陷处轻轻敲几下，笔直笔直。

师傅在设备改造上，可以说无人能及。比如一部车床，车床的功能就是车，而我师傅对车床进行改装改造，车床能镗、能铣、能磨、能刨。厉害吧。而且他的技术了得。

做什么都做到精致，做到极致。好像一个超级木匠，做对合的门，不用一枚铁钉，严丝合缝，推门进去，"嘣"的一声，自己都吓一跳，贼就休想进入了。

"慎江阀门"发展壮大，我就出来了。结婚、生子，和机械没有关系了，但我和师傅一直联系，年年向他拜年。我有两个儿子，大儿子后来办了自动仪表厂，我就在儿子这里帮忙。师傅经常叫我回到"慎江阀门"，特别是他四弟叶旭海去世后，叫我过来，师傅太忙，我有些心动。但我正式过来，还是 2019 年初。

我现在管理"慎江阀门"的设备，设备的维修，设备的保养。

刚来"管理"时，"慎江阀门"设备部的年轻人当然没有重视我，有些设备修起来比较困难，他们就看看我。好，我来！我还真能一一把它们修好。

技术这东西学会了，忘不了。好像游泳，学会了，即使掉到水里，自己也能浮起来，淹不死。2019 年特别忙，因为订单特别多，订单一多，设备坏了的就多，维修时间就多。

但我能修理的设备，多是国产的阀门设备，国外的先进设备如日产"新系"，我就修不来。它有电脑控制，有电脑编程，得专家来修。而我的师傅与时俱进，真的了不起。他会电脑，在电脑上工作，画阀门图，用来制作和修改阀门。

我是管理设备的，从订单看，制作阀门的设备远远不够。外国进口的阀门设备只做尖端阀门，大批量的阀门需要常规的机器完成。我师傅对阀门的要求很高，因此对阀门的制作设备要求也很高。我曾跟随师傅走了几家全国著名的工厂，看了他们的阀门加工专用机，都觉得不理想。他们这些专用机，对于江苏、福建一带制造水阀是很好的，对于多做高端球阀的"慎江阀门"来说，精密度、先进度都不行。

忽然有人对师傅说，一个温州永强人，在江苏昆山办厂，9年时间，研发了一款高端的阀门专用机。他盼师傅去看看，买几台。"九年磨一剑"，师傅有些感动，这人的精神和师傅很合拍。他就去了，他承认瑞安人的专用机有特点和优点，但拿到"慎江"来并不合适。

于是，为了"慎江阀门"的生产，师傅自己为阀门专用机工厂制作图纸：适合"慎江阀门"的先进的专用机应该是这样的。他在电脑上画，做三维立体图。他发明的这种机器，能做七八种阀门。速度快，一个人能操作两三台机器。这种机器叫"卧式三面铣车机床"。

他把几个优秀专用机厂的老板叫来，把"三维"放给他们看。好几个老板带来的工程师目瞪口呆。河北沧州禹创重工机械厂的老板带着两个工程师过来，看了我师傅的设计，对师傅竖起大拇指，说：

"看了你的设计，我们真的觉得惭愧。"

沧州禹创重工机械厂答应，按照师傅的要求试制。

当然，我们没有把内部的结构，如轴承配置告诉他们，我们掌握着数据和精密度，他们的设计接受我们的审核，符合要求、谈好价格、签好合同后，才给对方。专利可以拱手相让，但我们必须有价格优先权和供货优先权。这种机器我们要买 40 台，对他们先说是买 20 台。

"慎江阀门"研发中心总工程师智佐长，武汉江夏区人，生于 1961 年，武汉工业大学毕业。他是国家恢复高考后的第二届应届生。原来在湖北荆州工作，2005 年到"慎江阀门"。他眉清目秀，温文尔雅；细声慢语，说话准确得体。他说他们"慎江"研发中心有 18 个工程师，其中之一就是叶旭强。他说叶旭强不仅是"慎江阀门"的老大，也是研发中心的老大。他说的都是心里话。老大对研发阀门这一块不是一般的重视，而是极其重视。他知道科技的力量。

智佐长说："许多阀门的研发，老大都参与，而且是深度地参与。这方面交流很多。他给我打电话，给下面工程师打电话，我们可能是他打电话最多的人。"

智佐长说：许多厂家，一旦研发了新产品，都说自己是中国第一，世界第一，其实他们都没有走出过自己的厂门。"总工"智佐长花了近一个多小时，历数叶旭强的科研工作，历数"慎江阀门"在叶旭强带领下研发的重要成果。但我记下来却很艰难，因为这是属于理工的玩意儿，里头有许多专用术语。即使我手机的录音，"讯飞听见"翻成文字，也很困难。他便说写一些内容给我。几天后，我收到他发来的《叶旭强同志在技术开发上的多个第一》。

这是 2020 年发来的内容。他说，还有好几个研发的产品还在路上。

智佐长是个谦逊的人，他把自己和研发团队几乎隐去了。应该说，"慎江阀门"的科研成果与叶旭强以及研发中心的共同努力是难分难解的。以下就是智佐长提供的部分内容：

1. 高压大口径顶装式球阀

该产品广泛服务于油气开采、长距离管道输送及站场配送、LNG 外输等高压油气管线。叶旭强了解到国外的阀门安装后检修维修特别困难，经多方对比分析，成功开发了具备在线快速检维修功能的顶装球阀。填补国际空白，具有国际领先水平，并获得国家专利，同时实现产业化生产，出口到中东等国际市场。单一产品已累计供货近 7000 万元。

2. 高压差角式节流阀

"慎江阀门" C950 系列电液式天然气井口调节阀，是为满足极端严酷的节流工况而设计的重载节流阀。它提供的性能与可靠性，可以在最为严苛的石油和天然气工业的井口节流应用中长期稳定运行。

当今的天然气田节流工况，往往意味着极高的工作压差。正常节流运行时产生的压差可达 140Bar 以上，并且介质为气液多相流甚至气液固多相流的井口介质，已相当于水刀切割机的工作参数，具有极高动能的介质会对阀门产生严重的冲刷破坏。同时，由于井口介质含有硫化氢等腐蚀性物质，其化学腐蚀性会显著地增强介质冲刷的破坏能力。在这样的工况下，介质会在很短的时间内对普通阀门造成结构性的破坏。传统的井口节流阀仅能勉强工作一个月甚至更短的时间，便需更换节流内件，因此带来的频繁维护工作会降低生产效率。

　　为此"慎江阀门"应用多级减压原理和特种制造工艺，开发出具有专利结构和定制配方的全碳化钨合金内件调节阀。其专利结构为新型的三维多级迷宫节流件，该内件由众多具有三维拓扑结构的独立流道组成，可以高效地利用内件材料对介质进行湍流增阻，有效且更为平稳地降低介质在阀门中所具有的动能和压力，使造成调节阀被冲刷失效的根源被有效遏制。为了进一步提高调节阀内件的抗冲刷能力，"慎江阀门"在原有碳化钨合金的基础上，调整了合金元素的成分并应用新型制造工艺，使得合金的机械性能和耐腐蚀性能都得到了显著的提升，即使介质中杂质较多，内件材料的损失率仍处在较低水平。该新型节流内件的性能可以使井口节流阀的维护周期从一个月延长至一年以上，长寿命的内件意味着更长的连续生产时间和更少的维护成本，效能显著，得到了用户的认可。此外"慎江阀门"为井口调节阀新开发的专用数字式调节型液压执行器也属于国内空白产品，其性能已达国外同类产品水平。目前，该阀门已批量交付伊朗用户使用，为公司创造收益超过3000万元。

3. 内衬镍基合金耐腐蚀高压球阀

该阀是叶旭强为满足现代油气开采输送的要求而开发的，满足 H2S 腐蚀的高压阀门。包括顶装式和侧装式结构，适用于近岸和海上工况，特别是将可在线快速检维修功能的阀门专利应用于该产品的结构设计中。解决了海上平台的快速检维修需要，缩短了工期，减轻了劳动强度，提高了工作效率，同时满足了高含硫、高氯、高二氧化碳等对材料的耐腐蚀要求，深受国内外用户好评。该阀的结构设计及内衬工艺均具有独创性，第一次完整提出了高腐蚀性介质阀门的解决方案。

4. FPSO 海上浮动生产储存平台

近几年为满足远海油气开采需要，叶旭强带领慎江的技术人员广泛走出去，特别是与亚洲 FPSO 协会联系，对 FPSO 的需求进行评估和分析，并确定开发方向，开发出满足 FPSO、FLNG 等海上工况的紧凑型高压止回阀、高压闸阀、高压球阀等系列产品。先后向巴西石油、中远集团等提供了大批配套阀门，解决了离岸及远海油气开采作业所需的生产、处理、储存、运输等问题。获得亚洲 FPSO 大会优质产品奖，是国内阀门制造企业的第一次。

5. 高压临氢阀门的开发

现代炼化行业为升级油品品质、提高原油收益率，提高效益，大量设置了加氢劣化、催化劣化、加氢重整等设施，这些装置均面临含 H 及 H2S 等的临氢腐蚀环境。过去这些装配配套的阀门均被国外供应商垄断，且维护成本高。叶旭强在了解这些情况后，走访国内知名导师，亲自上门请教，并带领"慎江阀门"技术人员，在原材料控制、生产过程控制、检验试验等整个生产环节，高标准严要求，开发出的又一具有领先水平的系列化阀门产品，被广泛使用。

6. 超低温阀门的研发

国内低温阀门的应用在"十一五"之前，基本都是依靠进口，"慎江阀门"科研团队在叶旭强带领下，通过学习国外先进技术，同时通过 OEM 生产等方式，掌握了全套低温阀门制造技术，是国内最早大批量生产低温阀门的民营阀门制造企业。生产的低温阀门广泛应用于 LNG、乙烯、煤制甲醇等领域，特别是在低温乙烯领域，占领近70%的市场，为国内低温阀门制造的第一家。

7. 高压大口径阀门的研究开发

叶旭强带领"慎江阀门"技术人员，通过创造性发挥，先后开发特大口径闸阀，口径达88，这是世界罕见的；特大型液动球阀，单重一百多吨，为国内领先；开发的流量调节阀，口径达2.2米；开发的高压闸阀，承压能力达15000PSI，非常不易。

8. 核燃料组件检修装置的研发

核电站靠核反应堆的反应，产生大量的热能来供应汽轮机发电。但核燃料组件是在核反应堆里面工作，其状态好坏直接影响核电站的安全运行。核燃料组件一旦激活，其放射性物质含量高，危险性极大。叶旭强和儿子叶际涵在得知这一消息后，主动与上海"核工院"联系，极力争取该项目。经多轮次技术交流，在上海专家的大力支持和指导下，这一国内唯一的核燃料组件检修装置制造落户"慎江阀门"，并圆满完成制造任务。该装置能在硼水池顶部对20多米深的直径仅8mm的燃料棒进行定位卡抓，并抽提约3米通过感应线圈检测后原路送入组件装置中，对定位精度要求极高。叶旭强利用其高深的机械专业知识，利用特有的高精度制造设备，圆满完成这一课题任务并交付巴基斯坦应用，成为中国的首创。

我仔仔细细阅读，对作为工程师的叶旭强，十分敬佩。

所有人，或者就是全部，都说叶旭强"一心扑在阀门上"，"爱厂如家"，"公司就是他的命"……这些话都是空泛的，但道理是明白的，真切的，叶旭强的生命与阀门不可分，他的精神和事业不可剥离。叶旭强到了公司，见到阀门，他才会激动。研究阀门，他的精神才点燃着幸福。

有的人靠物质活着，有的人靠精神活着。

他第一天领我转悠厂区，对一个一个机器、一个一个阀门，如数家珍。厂区里有铸件发出的气息，微微刺鼻。老实说，我喜欢山野的氛围，草花的气息。我很不喜欢厂区这种气味。而叶旭强精神抖擞，一脸兴奋，我想这气息在叶旭强闻起来，可能似同玫瑰、栀子和桂花的芳香。

他原来的司机姓王，河南汝州人。他说汝州以汝窑闻名于世，比景德镇早而且好。古代还有耀州窑、龙泉窑、定窑、磁州窑、钧窑等等。老王说：

"叶董每天来，从星期一到星期天，天天都来。星期天厂里空空荡荡，他也要来，不来不行。"

叶旭强一段时间腰疼，椎间盘突出，于是住院。医院给他全身做检查，说他前列腺有问题，怀疑可能病变。他哪里在医院躺得住，每天都要王师傅拉他到公司。早上挂了点滴，他来到公司，下午又要去挂点滴。我见他在公司吃中饭，手腕上有住院的标牌，哈，使我想起阳澄湖正宗的大闸蟹。

不管是夫人郑献珍、他的大女婿，还是叶道义先生、郑道辉先生、司机老王，都说到一件事。那就是每次出差回来，不管是国内回来还是国外回来，都要先到公司，老王机场拉过来，直奔公司。常人是不这样的，旅途劳顿，总要回家休息几天。叶旭强不，先到公司！

王司机有一天说了一句叫我吃惊的话：

"宋朝时，我们汝州造汝窑，肯定也有一个叶董这样钻研的师傅。"

古代一样，今天一样，这样钻研的人，这样顽强的人，这样为精神追求活着的人，中国当然是有的。

叶旭强经常使我想起，英国作家高尔斯华绥小说《品质》里的主人公格斯拉。格斯拉做靴子，只做订货活。橱窗里陈列着几双靴子。"那几双靴子太美观了——有一双轻跳舞靴，细长到非言语所能形容的地步；那双带布口的漆皮靴，叫人看了舍不得离开；还有那双褐色长筒马靴，闪着怪异的黑而亮的光辉，虽然是簇新的，看来好像已经经历过一百年了。只有亲眼看过靴子灵魂的人才能做出那样的靴子——这些靴子体现了各种靴子的本质，确实是模范品。"

问："格斯拉先生，做靴子是不是很难的事呢？"

答："这是一种手艺。"

人们不可能时常到他那里去，因为他所做的靴子非常经穿，一时穿不坏——他好像把靴子的精华缝到靴子里去了。

"有一次（也只有这一次），我穿着那双因为急需才在一家大公司买的靴子，漫不经心地走进他的店铺。他接受了我的订货，我可以意识到他的眼睛在细看我脚上的次等皮革。他最后说：'那不是我做的靴子。'他的语调里没有愤怒，也没有悲哀，连鄙视的情绪也没有，不过那里面却隐藏着可以冰冻血液的东西。为了讲究时髦，我左脚上的靴子有一处使人很不舒服；他把手伸下去，用一个手指在那块地方压了一下。'这里疼痛吧，'他说，'这些大公司真不顾体面。可耻！'跟着，他心里好像有点儿沉不住气了，所以说了一连串的挖苦话。我听到他议论他的职业上的情况和艰难，这是唯一的一次。'他们把一切垄断去了，'他说，'他们利用广告而不靠工作把一切垄断去了。我们热爱靴子，但是他们抢去了我们的生意。事到如今——我很快就要失业了。生意一年年地清淡下去——过后你会明白的。'"

他的店铺快要撑不下去了。但是除了自己以外，他不让任何人碰他的靴子。他接了一份订货后，要费好长时间去做它。顾客可不愿等待呀。他老坐在那里，只管做呀做呀。他肯用最好的皮革，而且还要亲自做……

像格斯拉这种人不只是认真、执着，他是有信仰的人。叶旭强就属于这种人。而格斯拉把自己的生意做死了，可叶旭强的阀门可是越做越好。这是非常庆幸的事。

我又想起我的恩师林斤澜先生。林斤澜一生一世写小说，短篇小说。他把短篇小说的美写到极致，写到上无古人、后无来者的地步。他的好友汪曾祺，总结了林氏小说的一个特点："有话则短，无话则长"。林斤澜独辟蹊径，独运匠心，独立门庭，独绝文坛。他的《溪鳗》《李地》难以复制，他的《哆嗦》《黄瑶》《五分》《春节》《氤氲》《白儿》《门》更是极品。他被文坛称为"短篇圣手"，"杰出的短篇小说大师"。

读林斤澜先生作品并非易事，他历来读者太少。不是一般的少，是奇少。作为作者，当然向往拥有众多读者。事实上他是明白的，他不可能读者云集，他一辈子不能。因为他不可能降低品格，放弃独特，他不可能迎合读者，他不可能牺牲艺术。艺术就是他的生命，这句话说说是容易的，但做到是难的。他做到了。他的兴趣和阅读，他的特殊经历，与众不同。他的卓越追求，更是可歌可泣。有人说："在林老眼里，每一个汉字都是一口井，他朝井底深掘，要掘出水来。在林老眼里，每一个汉字都是一棵树，他浇树浇根，不仅要让树长出叶来，还要让树开出花来，结出果来。"

林斤澜写短篇小说，叶旭强造阀门，他们的抱负、情怀、境界是一致的，没有两样。有一天，叶旭强轻轻和我说了一句话：

"一个人对社会总要有点贡献。"

温州城，和中国所有的城市雷同，没有什么突出的地方，而温州人却不一样，如同叶旭强，务实而积极，一代一代不屈不挠地顽强，苦难之下生命的韧性和开花，非常值得我们去好好书写。

后　记

上面已经说到我的同学郑春乾。他比我大 4 岁，是个诗人。1981 年 9 月，我和他一同进入温州师范专科学校政教科。近 40 年的交往，他是个平和的人，达理的人，有学问的人，看事看人精准的人，是个非常可靠的人。有一天，他打电话给我，让我写一个人。我说我忙着写小说，没有时间写真人，活着的人。他说你不是写了《林斤澜说》吗，你就用这种写法写他。我说林斤澜是我的恩师，他是中国独一无二的小说家，是非常非常杰出的人。他说我要你写的这个人也是类似的人，杰出而独一无二的。我问谁啊。他说叶旭强。我说没听说过。他向我介绍了大半天。

我将信将疑，而且写一个人对这个人有用，而对我的文学也有用才是，就是说，这个人要有文学意义，不单单这个人是个好人，杰出的人。我打了一个电话，给当时乐清市的一位领导。我问他叶旭强这个人怎么样,有人叫我写写他,这个人值得一写吗?领导说知道,这个人是个工程师,"慎江阀门"的老板。但这个人不是一般之人,他是有很多故事的人,他是形而上的,站得很高的人。你一定好好写写他。

"他是有很多故事的人",这句话使我心动。2019年5月28日,我第一次到乐清七里港,走进了102亩的大厂区,见到叶旭强,开始了我的采访。

叶旭强从1979年开始,租借两台车床,艰难跋涉,披荆斩棘,一路向前。厂房从家里的猪圈,到"7亩半",又从"7亩半"到"19亩半",再从"19亩半"到"102亩",汗水耶,鲜花耶,其中滋味,只有他自己知道。

叶旭强说:"一般道理,播种就有收成,但有时也不是这样,缺少订单。就'慎江阀门'生产运行来说,从起始到2002年,是发展平稳期。2003年到2011年,是发展旺盛期,之后五六年不景气,进入低谷,2018年初,开始又非常好,现在订单很多,产品很难做出来,主要是缺少一线工人。'慎江阀门'走向世界之后,这种起伏大体和世界经济形势有关,也和国内经济形势有关,也和政治政策有关。阀门行业也有它特殊的地方,比如,2008年世界金融危机，可我们根本不受影响；'一带一路'开始以后，用到我们的阀门就比较多，比如中东地区，比如巴基斯坦，比如马来西亚……"

我问：

"去年到现在做了多少金额的阀门？"

问人"家底"，是不礼貌的。但我还是问了。他笑笑答道：

"只是几个亿。"

世界有太多的行业，老百姓都是离不开的。比如农业、制造业、服务业、房地产、建筑业……都重要。哪个最重要？这真是不好说，人类需要它，需要的人多，它就重要。许多人认为，制造业是立国之本、强国之本、富民之本。制造业实实在在地生产出了东西；制造业雇用了更多的劳动力，解决就业问题；制造业推动了技术进步；制造业能拉动上下游众多产业。但别的行业也有别的行业的特点。我们不妨把制造业和服务业做个比较。一般地说，把制造业称为实体经济，把互联网、金融业等服务业称为虚拟经济。制造业涉及的"物"要比服务业多得多。和制造业相比，服务业都是"轻资产"的。互联网公司虽然市值惊人，但固定资产却不重要，主要就是员工使用的 PC 计算机和一些网络设备、办公家具什么的——有的互联网甚至是员工自备电脑。

银行也差不多，一座小楼足矣。开个饭馆，要投资买厨具锅碗，但这和开个工厂买设备完全不是一个级别的投资。而且，服务业的资产往往通用性很强。饭馆倒闭，那些厨具锅碗、桌椅板凳，其他饭馆可以拿去接着用。制造业则不然。工业设备不但投资巨大，而且往往是专用的，一旦投资兴建，就很难改为他用，甚至很难移动。除了资产结构不同以外，制造业也比服务业用到更多的"物"。工厂要持续地运进原材料、各种配料；在工厂里，要用各种设备对原材料进行加工，将之变成各种产品；然后要持续地运出去，发往各地。而服务业的"物资流"则要少得多。互联网、金融业主要处理的实际上是各种信息。制造业对各种基础设施依赖性更强。如果没有可以充分保障物流的港口、高速公路、机场、铁路，很多企业就不可能开办。没有平稳的电力、水资源供应，很多工厂也无法开工。甚至没有足够大的场地或废弃物排放空间，工厂都无法兴建。相对来说，服务业对社会基础设施的依赖则要轻得多。即使对社会的软环境，制造业和服务业的依赖程度也大不相同。海关的工作效率和廉洁程度，对制造业进出口企业的生存至关重要，对服务业的影响就小得多。

试看华尔街投资银行的精英，除了美国本部的安全、

后记

265

舒适以外，他们对外界的需求可能就只有连接纽约、伦敦、东京、香港、迪拜、法兰克福等几个超级大都市的空中航线和城市中的五星级酒店而已。有这些他们就能正常工作，并且日进斗金。

制造业挣钱是很艰难的。

叶旭强说：

造阀门挣钱是很艰难的。阀门的原材料，也就是钢铁，是别人的；钢铁的质地好不好，采购时可不能看走眼。闸阀、截止阀、蝶阀、球阀旋、塞阀、止回阀、减压阀、疏水阀都是一刀一刀做出来的，需要很长时间。而运输也要靠别人，长途跋涉，可别让阀门弄坏了。

叶旭强认为：八仙过海，各显神通，我是做阀门的，我要把阀门做好，我要把阀门做到极致，在中国做到最好，在世界做到卓越。我奋斗了，我努力了，我创造了业绩，我就对得起我的一生了。

寒暑易节，花开花落，云卷云舒，作为中国制造业，"慎江阀门"的脚步都是结实的，成绩是可圈可点，可喜可嘉的。这有中国和世界的用户作证，这有阀门业界作证。叶旭强实在是能够对得起自己的一生了。

现在，叶旭强已经把"慎江阀门"董事长的职位交给了儿子叶际涵，自己做高级顾问。

我祝愿"慎江阀门"一天比一天好，一年比一年好。

对于叶旭强先生，他已经把自己这个"人"字写得很好。我除了感佩、爱戴之外，更希望他继续工作，做好高级顾问。工作才是他的强身剂，他的生命离不开工作，离不开阀门。我祝他健康长寿。

但愿我们伟大的祖国，像叶旭强这样的企业家越来越多。

后
记